Computer Bild

Prinz & Fickler

Ins Internet mit Google Chrome

W0379895

ullstein

6 Sicherheit — Sicher, bequem und unbelästigt Surfen 90

7 Anpassen — Chrome ganz nach Wunsch anpassen 106

8 Sichern — Informationen archivieren 118

Anhang 129

Zu diesem Buch

Chrome ist ein Internet-Anzeigeprogramm der besonderen Art: Der Browser von Google ist klein, schnell und bedienungsfreundlich. Dabei bietet er alles, was der Alltag im Internet fordert. Mit direktem Zugriff auf gespeicherte Seiten, mit leichter Konfigurierbarkeit und mit parallelem Surfen in verschiedenen Registerseiten, vor allem aber mit seiner hohen Geschwindigkeit macht Chrome Furore. Der Hauptgrund für das rasante Tempo: Chrome bindet sich hervorragend in Googles Suchmaschine ein. Schon bei der Eingabe einer Internetadresse werden passende Web-Seiten vorgeschlagen. Und wenn Sie nur Stichwörter kennen, startet Chrome automatisch eine Suchanfrage und zeigt Ihnen die Ergebnisse in der gewohnten Form an.

Dieser schnelle Weg zum Sucherfolg hat seinen Preis. Zwar bietet Google seinen Chrome-Browser vollkommen kostenlos für den Anwender zum Download an, doch werden bei der Eingabe von Internetadressen und Suchanfragen logischerweise auch Daten zu Google übertragen. Dies ermöglicht es Google, Sie möglichst rasch ans gewünschte Ziel zu bringen. Dennoch ist es wichtig, sich vor Augen zu halten, dass Abfragen und Suchen im Internet niemals Einbahnstraßen sind, sondern stets zweigleisig verlaufen: Sie geben Informationen preis - nämlich, was Sie suchen -, und der Betreiber der Suchmaschine wertet Ihre Fragen aus und liefert Antworten. Diese Funktion ist bei Google Chrome direkt integriert.

Chrome startet schnell, liefert ruck, zuck Ergebnisse und bietet Komfort: Schon im Startfenster finden Sie nicht nur Ihre am meisten besuchten Internetseiten als Miniaturvorschau, sondern auch die Seiten, die Sie kürzlich geschlossen haben, sowie Ihre zuletzt gespeicherten Lesezeichen. So gestaltet sich der Start ins Internet ohne Hürden oder Stolperfallen. Und auch andere Suchmaschinen bindet Chrome perfekt ein: Sie lassen sich - ob von der Startseite aus oder mit eigenen Suchkürzeln - direkt abfragen.

Wie Sie Chrome installieren, wie Sie Googles Browser optimal nutzen und worauf Sie achten sollten, zeigt Ihnen dieses Buch in den bewährten Schritt-für-Schritt-Anleitungen von COMPUTER BILD. Auch auf die Erklärung von Fachbegriffen müssen Sie nicht verzichten. Sie finden sie, ebenso wie eine Tabelle mit praktischen Tastenkombinationen, am Ende des Buches.

1 Google Chrome installieren und starten

Die Betreiber der **Suchmaschine** Google sind sehr umtriebig. So werden nicht nur die angebotenen Dienste ständig erweitert und verbessert. Seit geraumer Zeit bekommen Sie auf den Google-Seiten auch kostenlose Programme. Dazu gehört das Internet-Anzeigeprogramm „Chrome“. Dieser flotte und schlanke Browser, wie Internet-Anzeigeprogramme auch genannt werden, soll sich anschicken, der etablierten Konkurrenz (vor allem Internet Explorer und Firefox) Marktanteile abzuluchsen. Und angesichts der flotten Arbeitsweise und der übersichtlichen Programmoberfläche erscheint dieses Vorhaben nicht unrealistisch.

Google Chrome läuft auf Windows-Rechnern ab der Version Windows XP. Für die Beispielabbildungen im Buch wurde ein Rechner verwendet, der mit Windows Vista ausgerüstet ist. Sollten Sie nicht über dieses **Betriebsprogramm** verfügen, können sich einige wenige Abbildungen von dem unterscheiden, was Sie auf Ihrem Computer sehen. Der Nutzbarkeit der Anleitungen tut dies jedoch keinen Abbruch.

Im ersten Kapitel dieses Buches erfahren Sie,

- wo Sie sich Google Chrome kostenlos besorgen,
- wie Sie die Installation beeinflussen können,
- welche Varianten es gibt, Chrome zu starten und zu beenden,
- und wie die Programmelemente bezeichnet werden.

Kapitel-Wegweiser

Chrome aus dem Internet überspielen

Im Folgenden wird geschildert, wie Sie sich den Browser Google Chrome aus dem Internet auf Ihren Rechner überspielen und **installieren**. Das funktioniert mit jedem beliebigen Internet-Anzeigeprogramm. Da sich der Internet Explorer auf jedem Windows-Rechner befindet, basiert auch die nachfolgende Anleitung darauf.

1 Rufen Sie zunächst die Internetadresse **www.google.de** auf. Klicken Sie dort am oberen Rand auf ●.

sowie anschließend auf ●.

2 Daraufhin werden die verschiedenen Google-Dienste und -Programme im Einzelnen aufgelistet. Klicken Sie in dieser Übersicht auf den Eintrag ●.

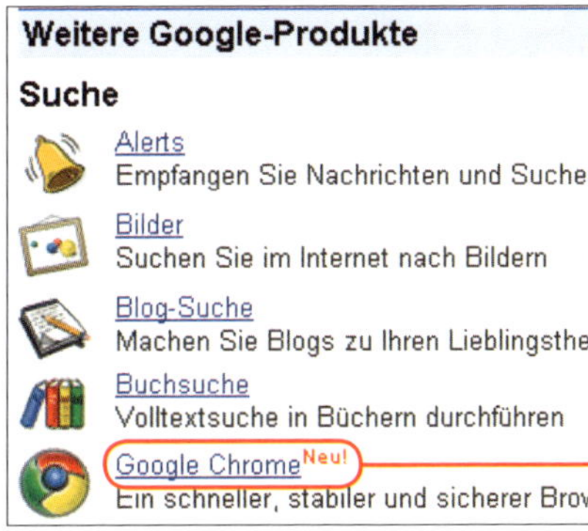

Siehe dazu aber auch den nebenstehenden Kasten.

Chrome auf einen Schlag für alle Benutzerkonten einrichten

In der Installationsanleitung wird beschrieben, wie Sie Chrome für das aktuell verwendete Vista-**Benutzerkonto** einrichten. Falls Sie Chrome aber für alle Benutzer gleichzeitig einrichten wollen, müssen Sie die Installation mithilfe der Google-Programmsammlung vornehmen. Diese finden Sie, wenn Sie im Schritt 2 auf ●

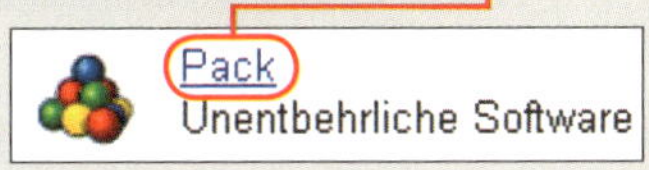

klicken. Sie können dann auswählen, welche Programme Sie verwenden möchten.

3 Achten Sie auf der nachfolgenden Seite darauf, dass Deutsch als Sprache ausgewählt ist, und klicken Sie dann auf die Schaltfläche.

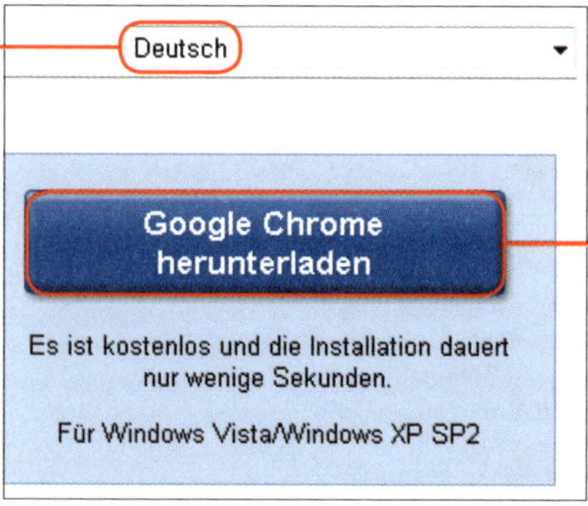

4 Als Nächstes müssen Sie die Bedingungen durchlesen, denen die Nutzung von Google Chrome unterliegt.

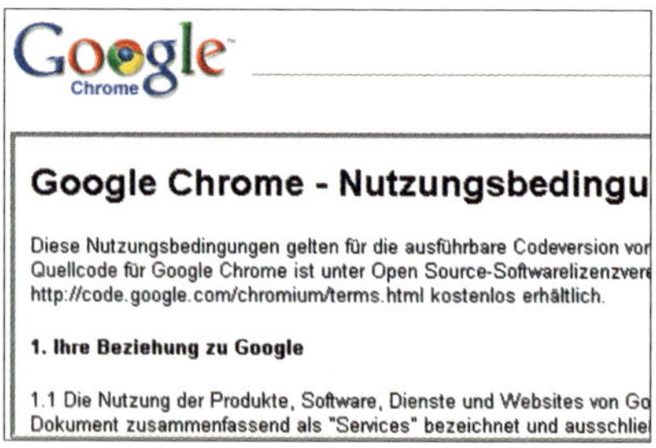

Klicken Sie anschließend zum Zeichen Ihres Einverständnisses auf die Schaltfläche

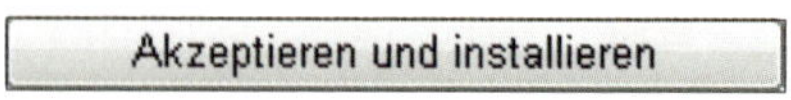

.

5 Den Warnhinweis, der nun in einem Dialogfenster erscheint,

nehmen Sie mit einem Mausklick auf

zur Kenntnis. Daraufhin wird die Installationsdatei überspielt. Den Fortschritt können Sie an einem kontinuierlich wachsenden Balken mitverfolgen.

Selbst bei einer langsamen Internetverbindung ist die Übertragung in wenigen Minuten erledigt.

6 Jetzt öffnet sich ein neues Fenster. Wenn Sie darin gleich auf die Schaltfläche

klicken, werden zum einen die Lesezeichen, die Sie im Internet Explorer angelegt haben (dort heißen sie „Favoriten“), sowie gespeicherte Passwörter in Chrome übernommen. Diesen Importvorgang können Sie auch später noch vornehmen (siehe Seite 86 f.). Zum anderen werden bei dieser Gelegenheit in der Schnellstartleiste und auf dem **Desktop** Verknüpfungen angelegt, die Sie künftig zum Starten des Programms nutzen können (siehe dazu den folgenden Abschnitt). Normalerweise spricht nichts gegen diese Vorgehensweise. Es sind jedoch Fälle denkbar, in denen Sie von dieser Standardeinrichtung abweichen müssen. Zum Beispiel dann, wenn Sie statt der Internet-Explorer-Favoriten die Lesezeichen des Firefox übernehmen wollen. In dem Fall klicken Sie auf ●.

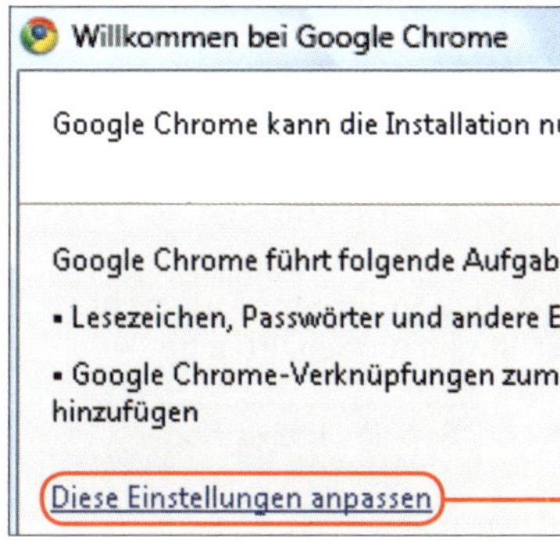

7 Damit nun die Lesezeichen des Firefox übernommen werden, öffnen Sie im nachfolgenden Einstellungsfenster mit einem Mausklick auf ●

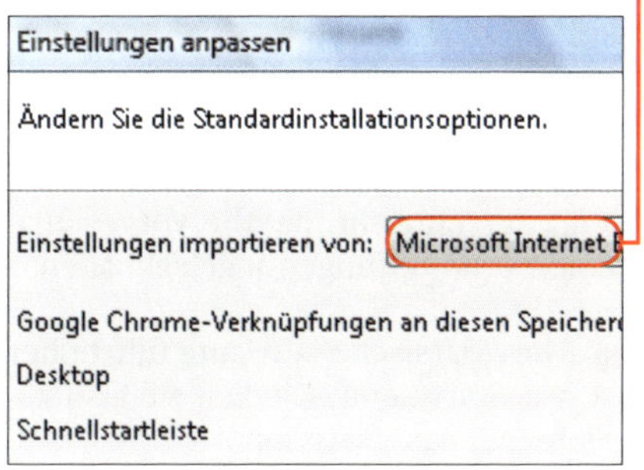

eine Auswahlliste und klicken darin auf ●.

Chrome als Standardbrowser verwenden

Im Fenster von Schritt 6 sehen Sie ein Kontrollkästchen. Belassen Sie darin den Auswahlhaken ●,

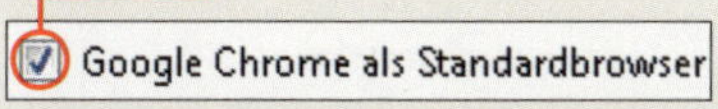

wird Chrome künftig Ihr Standardbrowser. Das bedeutet aber nur, dass dieses Programm gestartet wird, wenn Sie beispielsweise in einer **E-Mail** einen Link anklicken. Natürlich können Sie trotzdem jeden anderen Browser weiterhin benutzen. Sollten Sie sich noch nicht ganz sicher sein, ob Sie Chrome als Standardbrowser verwenden möchten, entfernen Sie den Haken per Mausklick. Auf Seite 111 f. wird Ihnen gezeigt, wie Sie Chrome auch nachträglich jederzeit zum Standardprogramm machen können.

8 In diesem Fenster haben Sie auch die Möglichkeit, das Anlegen der erwähnten Start-Verknüpfungen zu unterbinden. Sie müssen dazu nur den oder die entsprechenden Auswahlhaken ●

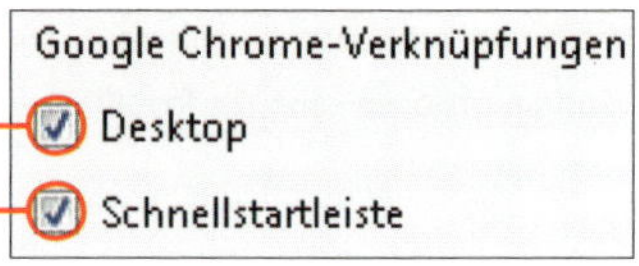

per Klick entfernen. Zum Schluss klicken Sie auf die Schaltfläche

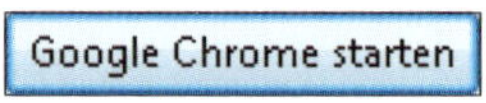

,

und Chrome wird gestartet.

> **Keine Lesezeichen importieren**
>
> Normalerweise ist es zwar sinnvoll, aber selbstverständlich können Sie auf die Übernahme von Favoriten/Lesezeichen auch komplett verzichten. Entfernen Sie in diesem Fall im Fenster von Schritt 7 per Mausklick den Haken aus dem Kästchen ●, wie in der Abbildung zu sehen.
>
> 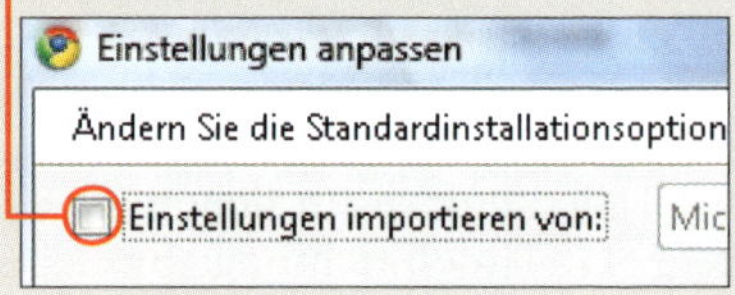
>

Chrome starten

Nach der Einrichtung wird Google Chrome automatisch gestartet. Künftig stehen Ihnen für den Start etliche Möglichkeiten zur Verfügung. Im Folgenden wird davon ausgegangen, dass Sie während der Einrichtung alle vorgeschlagenen Verknüpfungen angelegt haben.

1 Die „klassische" Variante führt über das Startmenü. Klicken Sie also zunächst auf das Startsymbol

,

anschließend auf

,

danach in der geöffneten Programmliste auf ●

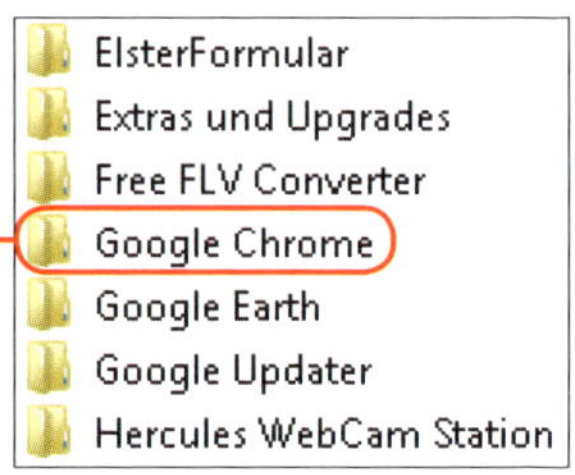

und schließlich auf ●.

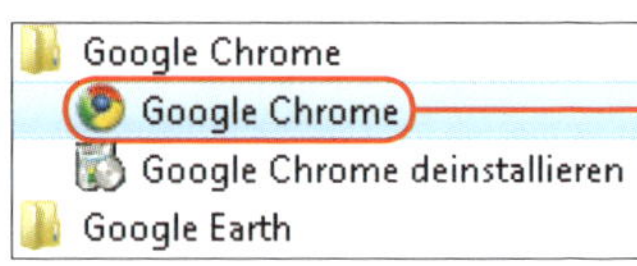

2 Wesentlich flotter geht's natürlich über die Schnellstartleiste. Das ist der Bereich neben dem Startsymbol. Klicken Sie dort einfach auf ●

und dann auf den Eintrag ●.

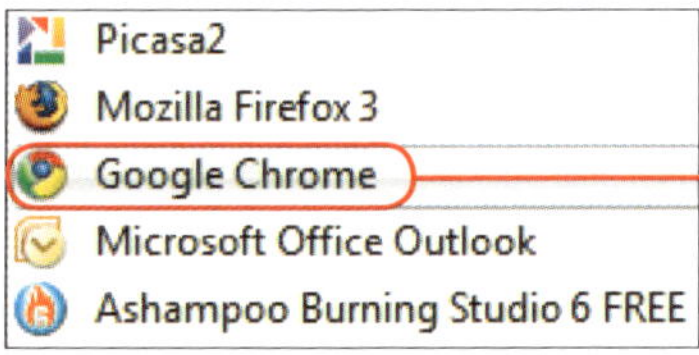

3 Wenn keine geöffneten Fenster den Blick versperren, starten Sie Chrome mindestens ebenso schnell, wenn Sie doppelt auf das Desktop-Symbol

klicken.

4 Sie können Chrome auch starten, ohne dass Sie die Finger von der Tastatur nehmen müssen. Dazu nutzen Sie die Suchfunktion von Windows Vista. Drücken Sie die Taste [⊞], öffnet sich das Startmenü. Die Einfügemarke befindet sich gleich im Suchfeld: ●.

Sie können daher sofort den Programmnamen eintippen.

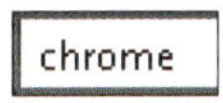

Windows Vista zeigt ganz oben Übereinstimmungen an. Der passende Eintrag ist normalerweise gleich markiert: ●.

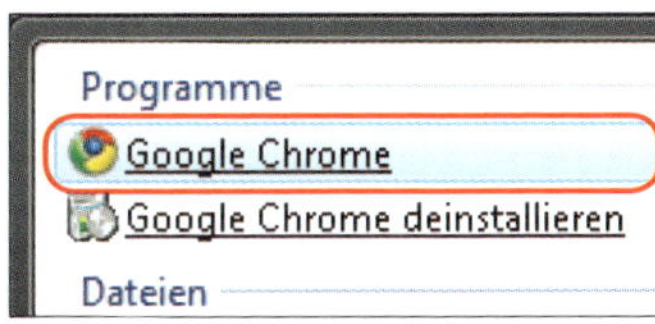

Sie brauchen daher unmittelbar nach dem Eintippen des Programmnamens nur noch zur Bestätigung auf die Taste [↵] zu drücken. Für Schnelltipper ist diese Methode konkurrenzlos bequem. Zumal Sie - wie Sie sehen werden - anschließend gleich eine Internetadresse eintippen können.

Der Aufbau des Programmfensters

Nach dem Start werden Sie erst einmal erstaunt sein. Denn das Programmfenster wirkt geradezu karg. Oder - positiv ausgedrückt - ausgesprochen übersichtlich, klar und einfach. Menü- und aufwendige Symbolleisten suchen Sie vergeblich. Selbst auf eine Statusleiste verzichtet Google. Meldungen erscheinen nur kurz am unteren Rand, solange sie von Belang sind. Umso mehr Platz steht damit für die Seitenanzeige zur Verfügung. Und darauf kommt es schließlich an.

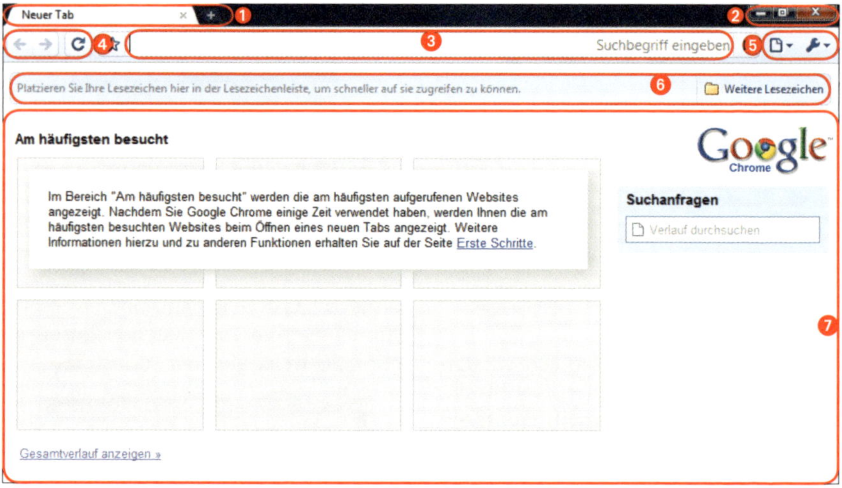

1 Die Reiter für das Surfen in Registern (siehe Kapitel 2) finden Sie in der Titelleiste.

2 Am rechten Rand erscheinen die üblichen Symbole, mit denen Sie das Programmfenster minimieren, verkleinern oder vergrößern oder ganz schließen können.

3 Darunter wird die Adressleiste angezeigt. Google selbst bezeichnet die Adressleiste als Omnibox.

4 Links neben der Adressleiste sind die wichtigsten Navigationssymbole zu sehen.

5 Über diese beiden Symbole greifen Sie auf alle Einstellmöglichkeiten und Befehle zu.

6 Die Leiste darunter bietet Ihnen später Zugriff auf Ihre Lesezeichen. Mehr dazu erfahren Sie im Kapitel 5 ab Seite 66.

7 Den Löwenanteil im Programmfenster nimmt natürlich der Anzeigebereich für die Internetseiten ein. Später werden Ihnen nach dem Programmstart im Anzeigebereich Verweise zu besonders häufig besuchten Seiten und Ihre zuletzt gespeicherten Lesezeichen präsentiert.

Alle Chrome-Fenster auf einmal schließen

Es besteht die Möglichkeit, Chrome mehrfach zu öffnen, also in mehreren Fenstern (siehe dazu Kapitel 2 auf Seite 22). Um ein Fenster zu schließen, klicken Sie einfach, wie bei Windows-Programmen üblich, rechts oben im Programmfenster auf .

Oder Sie drücken die Tastenkombination [Alt] und [F4]. Ohne weitere Nachfrage wird das Fenster dann geschlossen. Diesen Vorgang können Sie natürlich für jedes Chrome-Fenster separat durchführen. Es geht aber einfacher: Sobald Sie auf

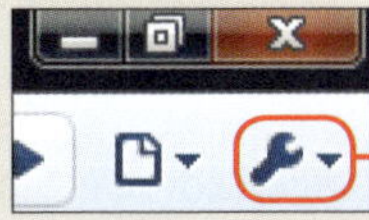

und anschließend auf

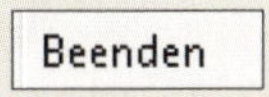

klicken, werden alle Chrome-Fenster auf einmal geschlossen.

Das ist anders als etwa beim Internet Explorer und beim Firefox, die jeweils eine oder mehrere Startseiten aufrufen. Daher suchen Sie das Haussymbol, mit dem Sie in anderen Programmen zur Startseite zurückkehren können, beim Chrome auch vergeblich. Es ist jedoch möglich, Chrome entsprechend umzubauen, falls Sie diese Funktion vermissen sollten (siehe Seite 107).

2 Mit Chrome im Internet bewegen

Das Aufrufen von Internetseiten funktioniert bei allen Browsern im Prinzip gleich. Die ersten Schritte mit Google Chrome werden Sie daher vermutlich auch ohne Anleitung unternehmen können. Sie sollten dieses Kapitel aber dennoch sorgfältig durcharbeiten, finden Sie doch den einen oder anderen Tipp, der es Ihnen erlaubt, flotter durchs Netz zu düsen. So können Sie sich beispielsweise durch Verwenden von bestimmten **Tastenkombinationen** den lästigen Griff zur Maus ersparen.

Dieses Kapitel befasst sich im Wesentlichen mit den Basistechniken der Internetnavigation, die wirklich jeder braucht, der sich Seiten ansehen will. Im dritten Kapitel ab Seite 28 lernen Sie dann eher fortgeschrittene Surftechniken kennen.

Im zweiten Kapitel dieses Buches erfahren Sie,

- wie Sie Internetadressen eingeben,
- wie Sie zwischen besuchten Seiten hin- und herblättern,
- wie Sie besuchte Seiten wiederfinden, an deren Adresse Sie sich nicht mehr erinnern können,
- welche Möglichkeiten Sie haben, mehrere Internetseiten gleichzeitig anzeigen zu lassen,
- und wie Sie mit Tastenkombinationen viel schneller navigieren.

Kapitel-Wegweiser

Internetseiten aufrufen

Auf geht's zum ersten Surfausflug mit Google Chrome:

1 Direkt nach dem Programmstart befindet sich die **Einfügemarke** in der Adressleiste ●,

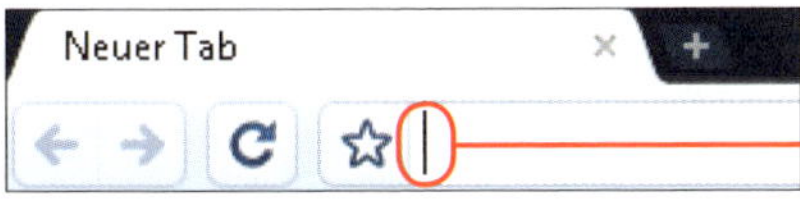

und Sie können gleich lostippen.

2 Wenn Sie dort eine Adresse eingegeben haben, zum Beispiel ●,

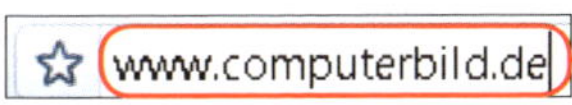

drücken Sie entweder zur Bestätigung die Taste ↵, oder Sie klicken rechts neben der Adressleiste auf

.

Daraufhin wird die entsprechende Seite angezeigt.

Aufbau einer Internetadresse

Eine Internetadresse, häufig auch als URL („**U**niform **R**essource **L**ocator") bezeichnet, sieht vollständig im Prinzip so aus:

http://www.computerbild.de

- Bei dem Ausdruck „http://" handelt es sich um eine Protokollangabe, einen rein technischen Ausdruck, den Sie getrost gleich wieder vergessen können. Nicht zuletzt, weil Sie sich das „http//" bei der Adressierung sparen können. Es genügt also, „www.computerbild.de" einzutippen. Chrome zeigt auch so die Seite an, die Sie suchen.
- Die Abkürzung „www" steht für **W**orld **W**ide **W**eb, eine englische Bezeichnung für das weltweite Internet-Netzwerk.
- Danach folgt die „Hausadresse", Domain genannt, in diesem Fall „computerbild".
- Am Schluss befindet sich die Bezeichnung des Landes, die sogenannte Top-Level-Domain. Das „de" im Beispiel steht dabei für Deutschland. Österreichische Seiten haben die Endung „at" und Schweizer Seiten „ch". Ebenso gibt es Bezeichnungen für andere Länder wie Frankreich (fr), Spanien (es), aber auch für Kontinente wie Europa (eu). Die Endung „com" ist international und steht meist für Internetseiten von Firmen und Unternehmen, also kommerzielle Seiten. Darüber hinaus gibt es noch Endungen für Informationsseiten (info), öffentliche Organisationen (org), private Namensseiten (name) und viele andere.

3 Möchten Sie eine andere Seite aufrufen, gehen Sie so vor: Klicken Sie in die Adressleiste, um die bisherige Adresse zu **markieren**, was Sie am blauen Hintergrund erkennen.

Danach können Sie einfach lostippen. Die bisherige Adresse wird dann direkt überschrieben.

Nach Bestätigen der Adresseingabe wird im Beispiel die Ebay-Seite eingeblendet.

Zum Markieren der bisherigen Adresse können Sie alternativ auch die Tastenkombination [Strg] und [L] drücken. Das geht natürlich deutlich schneller, als wenn Sie erst zur Maus greifen und anschließend die Finger wieder auf der Tastatur positionieren müssen.

4 Ein Internetauftritt besteht in den seltensten Fällen aus nur einer Seite. Oft sind es Hunderte oder gar Tausende Seiten. Diese Seiten erreichen Sie über sogenannte Hyperlinks (meist – wie auch in diesem Buch – spricht man nur kurz von Links). Sind Sie beispielsweise an dem Artikel über kostenlose **MP3**-Dateien interessiert, klicken Sie auf der COMPUTER BILD-Seite auf ●.

Schon wird die entsprechende Seite geladen.

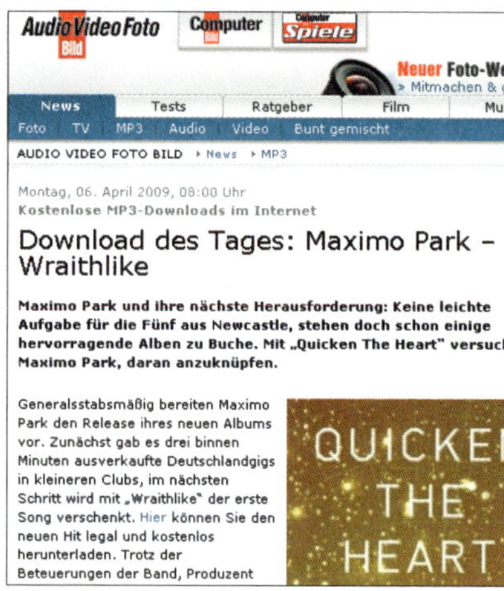

5 Es gibt auch Links, die zu Seiten auf anderen Internetauftritten führen. Dann spricht man von einem externen Link. (Im Gegensatz dazu handelt es sich beim Beispiel des vorigen Schritts um einen internen Link.)

6 Internetseiten sind oft so lang, dass sie nicht komplett auf dem Bildschirm angezeigt werden können. Mithilfe der Bildlaufleiste am rechten Rand können Sie die Anzeige dann nach unten und auch wieder nach oben verschieben. Klicken Sie dazu auf in der Bildlaufleiste auf das Rollfeld ●,

halten Sie die Maustaste gedrückt, und führen Sie mit weiterhin gedrückter Maustaste eine Ziehbewegung nach unten oder oben aus, je nachdem welchen Ausschnitt der Seite Sie ansehen möch-

So erkennen Sie einen Seitenverweis

Verschiedene Elemente auf einer Internetseite können „verlinkt“ sein, also nach einem Mausklick zu einer anderen Seite führen. Logisch ist das etwa bei Schaltflächen. So führt Sie beispielsweise ein Klick auf ●

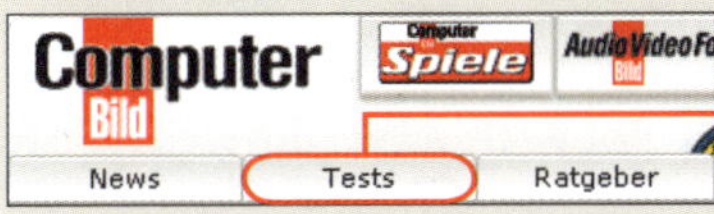

zur Test-Seite des COMPUTER BILD-Auftritts. Textstücke, die einen Link enthalten, erkennen Sie in der Regel an der farblichen Hervorhebung, etwa ●,

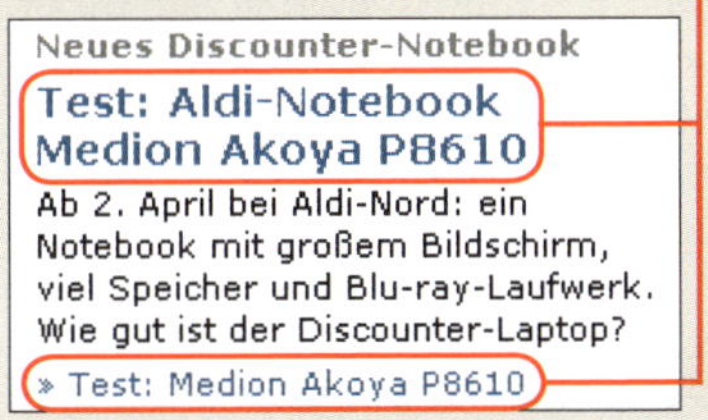

oder an einer Unterstreichung. Schließlich können auch beliebige grafische Elemente, also beispielsweise Bilder, verlinkt sein. Erkennen können Sie dies daran, dass der Mauszeiger – wie auch in den anderen beiden Fällen – die Form einer Hand annimmt, sobald Sie ihn über ein verknüpftes Element führen: ●.

ten. Dieses Verschieben des Seitenausschnitts wird auch als Scrollen bezeichnet.

7 Falls Sie nicht extra zur Maus greifen wollen, können Sie die Bildschirmanzeige auch durch wiederholtes Drücken der Tasten [↓] und [↑] schrittweise nach unten oder oben bewegen. Drücken Sie stattdessen die Tasten [Bild↓] beziehungsweise [Bild↑] bewegen Sie sich seitenweise.

Es gibt auch zwei hilfreiche Tastenkombinationen: Drücken Sie gleichzeitig [Strg] und [Ende], springen Sie direkt ans Seitenende und entsprechend mit [Strg] und [Pos1] an den Seitenanfang. Das kann Ihnen lästiges Scrollen ersparen, zumal sich Navigationsschaltflächen meist am oberen oder unteren Rand von Internetseiten befinden. Und die lassen sich auf diese Weise natürlich viel schneller erreichen.

8 Mitunter, wenn auch selten, sind Seiten zu breit für Ihren Bildschirm. Auch das ist kein Problem. In einem solchen Fall wird zusätzlich eine horizontale Bildlaufleiste eingeblendet. Oder Sie nutzen die Tasten [→] oder [←], um die Anzeige nach rechts oder links zu verschieben.

9 Wenn Sie eine Internetadresse eingetippt haben, können Sie zur Bestätigung, statt die Taste [↵] zu drücken, auch auf das Symbol rechts neben der Adressleiste ●

klicken. Während des Ladevorgangs verändert das Symbol sein Aussehen: ●.

Sollte Ihnen das Laden einer Seite zu lange dauern, brauchen Sie nur auf dieses veränderte Symbol zu klicken oder die Taste [Esc] zu drücken. Der Vorgang wird dann abgebrochen.

10 Es gibt nicht nur statische Internetseiten, sondern auch dynamische. Das bedeutet: Der Inhalt der Seiten ändert sich permanent. Beispiele dafür sind **Forums**-Seiten, auf denen ständig neue Beiträge veröffentlicht werden, oder etwa die Seiten einer Versteigerungsplattform wie Ebay. Dort bekommen Sie am rechten Rand immer die Restlaufzeit einer Auktion angezeigt, im Beispiel ●.

Wenn Sie eine solche Auktion verfolgen und möglicherweise im letzten Moment noch bieten möchten, müssen Sie die Anzeige regelmäßig aktualisieren. Denn erst wenn die Seite neu aufgerufen wird, erscheint die neue Restlaufzeit, hier ●.

Zum Aktualisieren brauchen Sie nur links von der Adressleiste auf das Symbol

zu klicken. Stattdessen können Sie auch

die Tastenkombination [Strg] und [R] verwenden oder die Taste [F5] drücken. Auch dann wird die Seite aktualisiert und neu geladen.

Chrome merkt sich besuchte Seiten

Chrome „erinnert" sich an die Seiten, die Sie sich angesehen haben. Diese Informationen werden im sogenannten Verlauf gespeichert. Das erspart Ihnen in vielen Fällen das Eintippen von Internetadressen.

1 Angenommen, Sie haben zuerst den Internetauftritt von COMPUTER BILD angesehen und danach beim Online-Auktionshaus Ebay reingeschaut, wo Sie sich nun befinden. Um jetzt zur COMPUTER BILD-Seite zurückzukehren, brauchen Sie nicht etwa erneut die Adresse **www.computerbild.de** einzutippen. Klicken Sie stattdessen einfach links neben der Adressleiste auf das erste Pfeilsymbol ●.

Entsprechend können Sie per Klick auf das Symbol

wieder nach vorne blättern, also erneut **www.ebay.de** aufrufen.

2 Das Vor- und Zurückblättern funktioniert natürlich auch mit Tastenkombinationen. Mit [Alt] und [←] gelangen Sie wieder zur zuvor besuchten Seite, mit [Alt] und [→] wieder zur nachfolgenden.

3 Während eines Internetbesuchs werden Sie normalerweise viele verschiedene Seiten aufrufen. Da kann es gut sein, dass Sie irgendwann zu einer weit zurückliegenden Seite zurückkehren wollen. In diesem Fall klicken Sie zwar auch auf das Symbol

,

halten dabei aber die Maustaste so lange gedrückt, bis eine Auswahl der besuchten Seiten aufklappt.

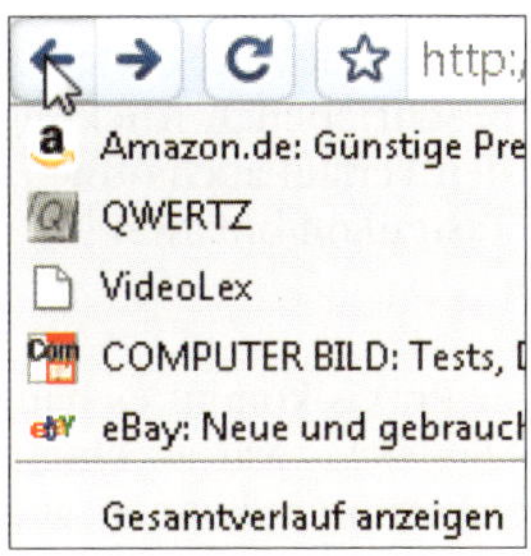

Mit einem Mausklick können Sie jede der dort aufgelisteten Seiten direkt ansteuern.

4 Es geht noch besser: Wenn Sie in der Liste auf den letzten Eintrag

Gesamtverlauf anzeigen

klicken, öffnen Sie in einem neuen Register (dazu mehr im nächsten Abschnitt) den gesamten Verlauf. Tageweise sortiert finden Sie dort Verweise zu allen besuchten Seiten.

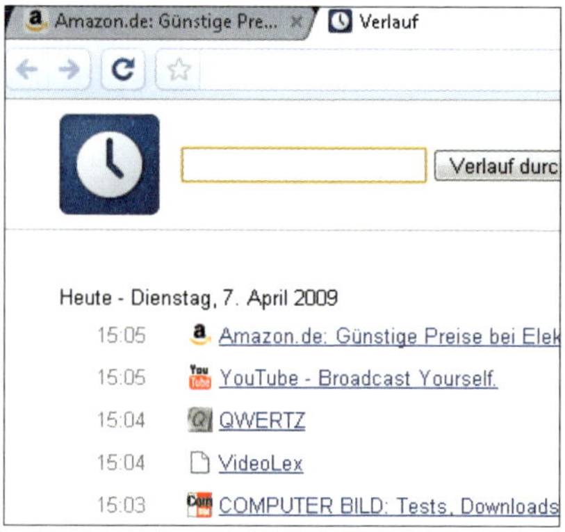

Diese werden über Wochen, ja sogar Monate festgehalten. Per Mausklick können Sie die betreffende Seite öffnen. Alternativ zur beschriebenen Klickfolge können Sie den Verlauf auch öffnen, indem Sie die Tastenkombination Strg und H drücken.

5 In der Praxis kommt es häufig vor, dass Sie sich zwar an eine interessante Seite erinnern können, aber nicht mehr genau wissen, wann Sie die Seite angesehen haben. Sie brauchen jetzt nicht etwa den gesamten Verlauf Tag für Tag und Eintrag für Eintrag abzuklappern. Nutzen Sie stattdessen die Suchfunktion. Tippen Sie den oder die Suchbegriffe ins Feld ●

ein, und drücken Sie dann zur Bestätigung entweder die Taste ↵, oder klicken Sie auf die Schaltfläche

Verlauf durchsuchen.

6 Daraufhin bekommen Sie nur noch die Verlaufseinträge zu sehen, die den Suchbegriff enthalten.

Mit einem Klick auf ● lassen Sie sich wieder den kompletten Verlauf anzeigen.

Chrome schlägt Seiten vor

Gleich bei der ersten Adresseingabe wird Ihnen auffallen, dass Chrome Ihnen noch während des Tippens Vorschläge unterbreitet. Diese Vorschläge basieren unter anderem auf dem Verlauf. Im Beispielfall wird Ihnen bereits nach Eingabe der drei Buchstaben „com" die Ergänzung zu „computerbild.de" vorgeschlagen: ●. Wollen Sie daher tatsächlich **www.computerbild.de** aufrufen, können Sie schon nach drei getippten Buchstaben die Taste ↵ drücken. Die Seite wird dann geladen.

Die Chrome-Startseite nutzen

Beim Internet Explorer und beim Firefox werden normalerweise nach dem Programmstart eine oder mehrere Internetseiten geladen. Diese bezeichnet man als Startseite(n). Chrome geht einen anderen Weg.

1 Beim Start von Chrome erscheint eine Seite mit Verweisen zu Internetseiten, die Sie besonders häufig aufrufen.

Das ist natürlich eine feine Sache. Denn Ihre Lieblingsseiten können Sie dadurch gleich per Mausklick öffnen.

2 Unten auf dieser Seite finden Sie einen Link, mit dessen Hilfe Sie sich den gesamten Verlauf anzeigen lassen können:

Zudem ist es möglich, direkt von dieser Startseite aus den Verlauf zu durchsuchen.

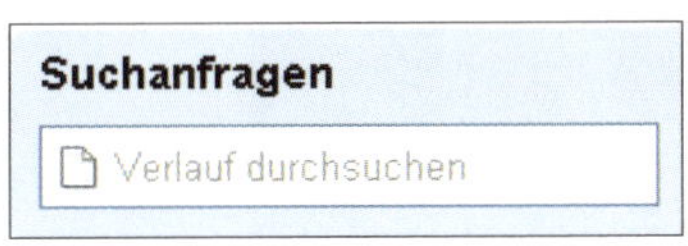

3 Sie können auch ganz leicht zu dieser Startseite zurückkehren. Dabei spielt es keine Rolle, auf welcher Seite Sie sich gerade befinden. Wenn Sie die Tastenkombination [Alt] und [Pos1] drücken, wird die Startseite aufgerufen. Im Kapitel 7 wird Ihnen gezeigt, wie Sie ein Symbol in die Navigationsleiste einfügen, das denselben Zweck erfüllt. Darüber hinaus erfahren Sie dort, wie Sie ein komplett anderes Startverhalten des Chrome festlegen können.

Mit mehreren Programmfenstern arbeiten

Sie können jederzeit ein zweites (oder auch ein drittes und viertes) Chrome-Programmfenster öffnen und darin jeweils verschiedene Seiten aufrufen.

1 Stellen Sie sich vor, Sie verfolgen gerade eine Auktion bei Ebay.

Da Sie kurz vor Auktionsende ein Gebot abgeben möchten, wollen Sie diese Seite weiterhin geöffnet halten, damit Sie später nicht lange nach dem Artikel suchen müssen. In der Zwischenzeit wollen Sie aber in den Angeboten auf Kostenlos.de stöbern.

2 Starten Sie also einfach Chrome ein zweites Mal, wie es im ersten Kapitel beschrieben wurde. Klicken Sie dazu zum Beispiel doppelt auf das **Desktop**-Symbol. Oder wählen Sie die elegantere Methode: Drücken Sie die Tastenkombination [Strg] und [N]. Auch dadurch öffnen Sie ein neues Programmfenster. In diesem zweiten Fenster rufen Sie nun die Adresse **www.kostenlos.de** auf.

3 Jedes geöffnete Programm ist in der **Taskleiste** mit einem Eintrag vertreten. Im Beispiel finden Sie dort also zwei Einträge für Chrome. Per Mausklick können Sie jetzt alternativ die Ebay-Seite ● oder die Kostenlos.de-Seite ●

in den Bildschirmvordergrund holen.

Seiten in Registern anzeigen lassen

Wenn Sie eine zweite Internetseite ansehen möchten, ohne die erste zu schließen, brauchen Sie aber nicht unbedingt ein zweites Programmfenster zu öffnen, wie es Ihnen im vorigen Abschnitt gezeigt wurde. Das funktioniert auch innerhalb eines Programmfensters. Die Seiten werden dann auf verschiedenen Registern angezeigt. Die englische Bezeichnung für Register lautet „Tab“. Man spricht daher auch vom „Tabbed Browsing“. Und so geht's:

1 Ausgehend vom Beispiel im vorigen Abschnitt, haben Sie eine Ebay-Seite geöffnet und möchten sich nun zusätzlich die Kostenlos.de-Seite ansehen. Klicken Sie dazu auf das Symbol ●.

2 Daraufhin öffnet sich ein neues Register. Wie auch auf der Startseite bekommen Sie die am häufigsten besuchten Seiten präsentiert, beispielsweise ●. Per Mausklick können Sie eine der Seiten öffnen. Oder Sie tippen ganz normal die Adresse ein: ●.

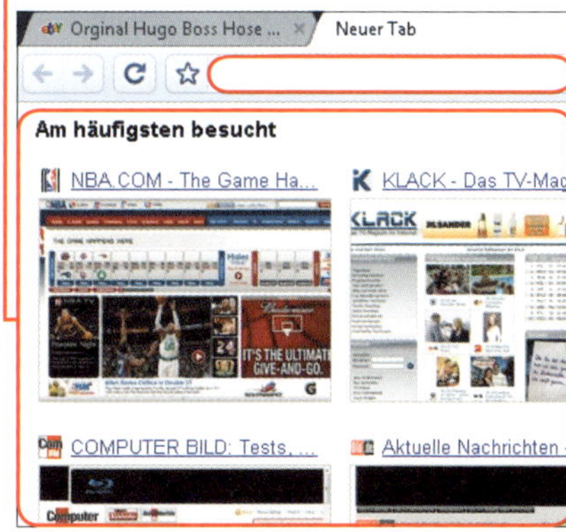

3 Um sich dann die eine oder die andere Seite anzeigen zu lassen, brauchen Sie nur auf die jeweiligen Registerreiter ● zu klicken. Natürlich können Sie auch ein weiteres neues Register öffnen. Klicken Sie dazu einfach wieder auf ●.

Stattdessen können Sie aber auch die Tastenkombination Strg und T drücken. Die dritte Möglichkeit: Klicken Sie mit der rechten (!) Maustaste auf einen Registerreiter und dann im Kontextmenü wieder normal mit der linken Taste auf

Neuer Tab.

4 Damit ein Register geschlossen wird, klicken Sie auf das Kreuz rechts auf dem Registerreiter.

Oder Sie klicken wieder mit der rechten (!) Maustaste auf den Reiter und danach im geöffneten Kontextmenü auf

Tab schließen.

Mit der Tastenkombination Strg und W schließen Sie das Register, das sich gerade im Vordergrund befindet. Sollten Sie nur ein Register geöffnet haben, schließen Sie damit sogar das ganze Programmfenster.

5 Stellen Sie sich vor, Sie haben mehrere Register geöffnet. Nur eines benötigen Sie noch, die anderen nicht mehr. Diese könnten Sie nun, wie im vorigen Schritt gezeigt, eins nach dem anderen schließen. Es geht aber viel flotter: Klicken Sie mit der rechten (!) Maustaste auf den Reiter des Registers, das geöffnet bleiben soll, und wählen Sie anschließend im Kontextmenü

Andere Tabs schließen.

Nur dieses eine Register bleibt dann geöffnet.

! Verlinkte Seiten öffnen sich automatisch in einem neuen Register

Um Verwirrung zu vermeiden, hier noch ein Hinweis: Manche Internetseiten sind so programmiert, dass sich die verlinkte Seite nach dem Mausklick automatisch in einem neuen Register öffnet. Auch der Gesamtverlauf von Chrome (siehe Seite 19/20) wird übrigens selbstständig in einem neuen Register geöffnet.

6 Im Eifer des Gefechts kann es schnell einmal passieren, dass Sie ein Register versehentlich schließen. Können Sie sich an die Adresse der Seite erinnern, ist das nicht weiter tragisch. Andernfalls aber schon. Doch selbst dann lässt Chrome Sie nicht im Stich. Drücken Sie nämlich die Tastenkombination Strg, ⇧ und T, wird das zuletzt geschlossene Register geöffnet. Und wenn Sie die Tasten noch einmal drücken, das Register davor und so weiter. Bis zu zehn zuletzt geschlossene Register können Sie so wiederherstellen. Und es gibt noch einen Weg: Öffnen Sie einfach ein neues Register. Rechts unten finden Sie dann Verweise zu den zuletzt geschlossenen Registern.

Sie brauchen nur auf den passenden Eintrag zu klicken.

7 Wenn Sie einen Link auf einer Seite anklicken, wechselt die Anzeige normalerweise zu der entsprechenden Seite (siehe dazu aber den Kasten links). Es kann jedoch gut sein, dass Sie das gar nicht möchten. Im Beispielfall wurde eine Suche bei Google durchgeführt. Einige der gefundenen Seiten wollen Sie ansehen. Lästig wäre es, wenn Sie jedes Mal zur Ergebnisseite zurücknavigieren müssten. Gehen Sie also besser so vor: Klicken Sie mit der rechten (!) Maustaste auf den ersten interessanten Link, im Beispiel ●,

und dann im Kontextmenü auf

Link in neuem Tab öffnen.

So können Sie auch mit beliebig vielen weiteren Links verfahren. Die entsprechenden Seiten werden dann in separaten Registern geöffnet, etwa ●, und die Google-Seite bleibt im Vordergrund: ●.

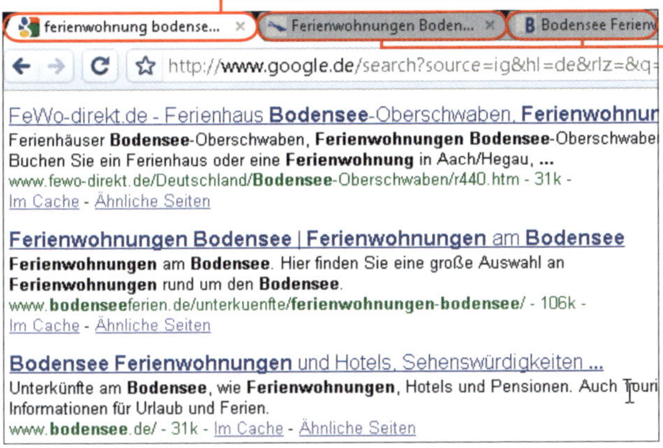

Beliebteste Seiten in Registern aufrufen

Ein Tipp für den schnellen Arbeitsbeginn: Auf der Startseite oder wenn Sie ein neues Register öffnen, bekommen Sie Verweise zu den Seiten angezeigt, die Sie am häufigsten besuchen. Auch diese Verweise können Sie wie jeden normalen Link in einem neuen Register öffnen (siehe Schritt 7). Da die Startseite dabei stets im Vordergrund bleibt, können Sie auf diese Weise blitzschnell einige Seiten nacheinander aufrufen.

8 Halten Sie die Tasten Strg und ⇧ gedrückt, während Sie normal mit der linken Taste auf einen Link klicken, öffnet sich die betreffende Seite ebenfalls in einem neuen Register. Sie befindet sich dann aber gleich im Bildschirmvordergrund, etwa ●.

! Seite in einem neuen Fenster öffnen

Statt in einem neuen Register können Sie eine verlinkte Seite auch in einem neuen Fenster öffnen. Dann können Sie mit dem Tastenschlüssel Alt und ⇆ bei der weiteren Arbeit zwischen den beiden Fenstern wie gewohnt hin- und herwechseln. Klicken Sie den Link mit der rechten (!) Maustaste an, und wählen Sie anschließend im aufklappenden Kontextmenü den Eintrag ●.

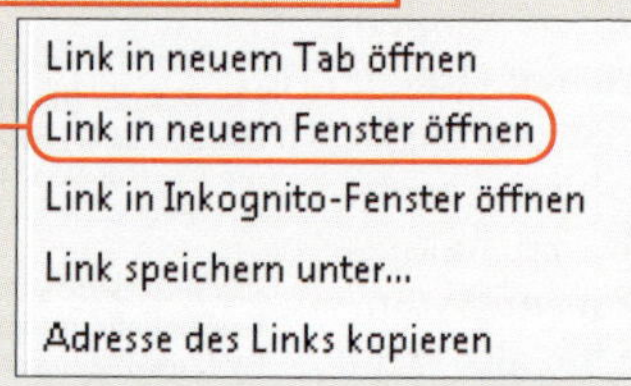

Mit vielen geöffneten Registern navigieren

Wenn Sie mehrere Register geöffnet haben, können Sie sich das Navigieren mit einigen Tricks erheblich erleichtern.

1 Im Beispielfall haben Sie mehrere Register geöffnet, das zweite befindet sich gerade im Vordergrund: ●.

Um nun ein Register nach rechts zu blättern, drücken Sie die Tastenkombination Strg und ⇆. Daraufhin rückt das dritte Register in den Vordergrund: ●.

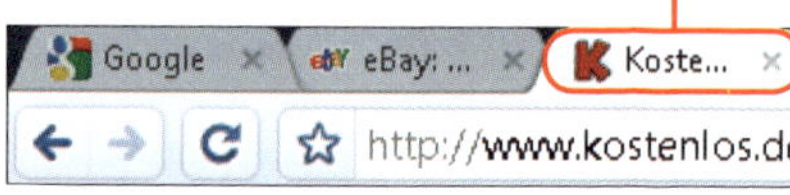

2 Es gibt auch eine Tastenkombination, um nach links zu blättern. Hätten Sie im vorigen Schritt die Tasten Strg, ⇧ und ⇆ gedrückt, wäre das erste Register in den Vordergrund gekommen: ●.

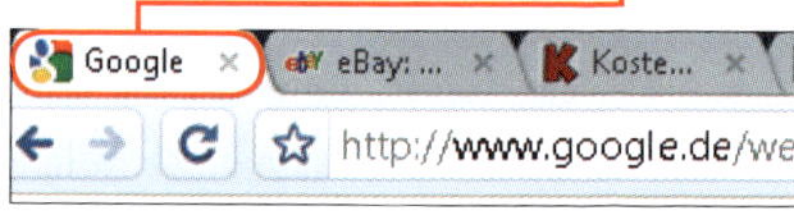

3 Wenn Sie die Taste [Strg] in Verbindung mit einer Zahl zwischen 1 und 9 drücken, gelangen Sie direkt zum entsprechenden Register. Die Tastenkombination [Strg] und [3] beispielsweise holt sofort das dritte Register von links aus gesehen in den Bildschirmvordergrund, in diesem Beispielfall also ●.

4 Mitunter kann es vorkommen, dass Sie zwischen zwei in Registern geöffneten Seiten recht schnell oder häufig hin- und herwechseln müssen. Dann stört es, wenn sich dazwischen viele weitere Registerreiter befinden. Kein Problem: Sie können die Reiter in eine beliebige Reihenfolge bringen. Im Beispiel soll der Ebay-Reiter von der dritten Position von links an die zweite Position verschoben werden. Welches Register sich gerade im Vordergrund befindet, spielt keine Rolle. Klicken Sie einfach auf den Ebay-Reiter ●,

halten Sie die Maustaste gedrückt, und führen Sie mit weiterhin gedrückter Maustaste eine Ziehbewegung nach links aus. Der Registerreiter links daneben ● verschwindet dann hinter dem Ebay-Reiter ●,

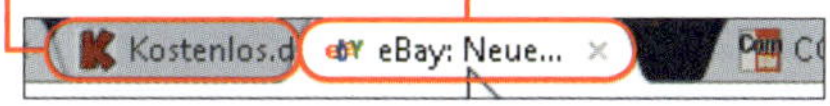

bis er schließlich nach rechts rutscht: ●.

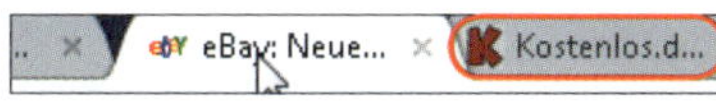

Sobald Sie die Maustaste loslassen, haben die beiden Reiter wunschgemäß die Plätze getauscht. Auf diese Weise können Sie alle Register ganz einfach an eine andere Position ziehen.

3 Surfen für Fortgeschrittene

Der riesige Erfolg der Suchmaschine Google beruht unter anderem darauf, dass sie unschlagbar einfach zu bedienen ist. Rufen Sie die Adresse **www.google.de** auf, sehen Sie im Zentrum der Seite ein Eingabefeld. Dort tippen Sie Ihren Suchbegriff ein – und schon werden Sie mit Fundstellen überschüttet. Ähnlich spartanisch gibt sich Chrome. Nur ganz wenige Befehlssymbole sind auf den ersten Blick zu sehen. Aber lassen Sie sich nicht täuschen. Hinter dem bescheidenen Äußeren verbirgt sich ein vollwertiger professioneller Browser, der kaum Wünsche offen lässt.

Im dritten Kapitel dieses Buches erfahren Sie,
- wie Sie die Darstellung von Seiten verändern können,
- wo Sie auf den Seiten von COMPUTER BILD kostenlose Programme finden,
- wie Sie ein Programm aus dem Internet überspielen,
- wie Sie den Speicherort für heruntergeladene Dateien festlegen,
- wie Sie heruntergeladene Dateien leicht finden,
- wie Sie Freunde auf interessante Downloads aufmerksam machen,
- wie Ihnen Chrome lästiges Eintippen von Benutzerdaten abnimmt,
- wie Sie Surftipps an Freunde weitergeben
- und wie Sie mit pfiffigen Tricks noch flotter surfen.

Kapitel-Wegweiser

Seiten größer anzeigen

Häufig sind die Texte auf Internetseiten sehr klein geschrieben. Nicht nur Ältere haben dann größte Probleme, sie zu entziffern. Damit Sie beim Surfen nicht mit der Nase den Bildschirm berühren müssen, um die kleinen Schriften zu erkennen, bietet Ihnen Chrome die Möglichkeit, die Seitenanzeige zu vergrößern.

1 Am Beispiel der Seite **www.magdeburg.de** lässt sich diese Funktion gut veranschaulichen. Am rechten Rand sehen Sie zwei Spalten mit Grafiken und Bildern: ●. Wenn Sie nun gleichzeitig die Tasten [Strg] und [+] drücken, werden Texte, Bilder und Grafiken vergrößert. In der Beispielabbildung können Sie diesen Effekt leicht erkennen, da die Spalte ganz am rechten Rand nicht mehr zu sehen ist.

2 Falls Ihnen die Vergrößerung noch nicht genügen sollte, drücken Sie die Tastenkombination noch einmal. Daraufhin ist auch die zweite Spalte am rechten Rand verschwunden.

3 Analog dazu können Sie die Anzeige mit der Tastenkombination [Strg] und [-] stufenweise verkleinern. Um wieder direkt zur Originaldarstellung zurückzukehren, drücken Sie einfach gleichzeitig [Strg] und die Zahl Null, also die Taste [0].

4 Wenn Sie lieber mit der Maus arbeiten, können Sie die Seitenanzeige auch auf andere Weise vergrößern oder verkleinern. Klicken Sie auf das Symbol

und anschließend auf

.

Per Mausklick können Sie dann die Anzeige vergrößern, verkleinern oder auch wieder zur Normaldarstellung zurückkehren.

5 Verfügt Ihre Maus über ein Rad in der Mitte,

gibt es noch eine weitere Möglichkeit: Halten Sie die [Strg]-Taste gedrückt, während Sie das Rad drehen. Dann können Sie die Bildschirmanzeige ebenfalls vergrößern oder verkleinern.

Dateien aus dem Internet überspielen

Im Internet wird eine Vielzahl von Dateien zum Download angeboten. Download ist die englische Bezeichnung für das Überspielen von Dateien von einem Internet-Speicherplatz auf einen Rechner. Man spricht in dem Zusammenhang auch von Herunterladen. Bei den Dateien kann es sich beispielsweise um Musikstücke, Bilder, Videos, Anleitungen oder auch **Programme** handeln. Manche dieser Angebote sind kostenpflichtig. Es gibt aber auch eine Unmenge kostenloser Dateien. Im folgenden Beispiel überspielen Sie ein kostenloses Programm von den COMPUTER BILD-Seiten.

1 Sollten Sie ein bestimmtes Programm suchen und dessen Webcode (siehe Kasten) kennen, können Sie diesen rechts oben auf den COMPUTER BILD-Seiten eintippen und dann auf

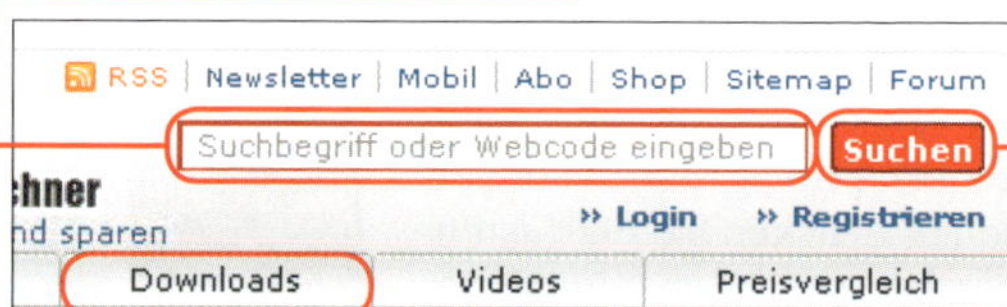

klicken. Sie landen dann direkt im Schritt 4. Ist das nicht der Fall, klicken Sie auf .

2 Sie betreten dann den Download-Bereich der COMPUTER BILD-Seiten.

Mit Webcodes schnell ans Ziel

Viele Artikel oder Download-Hinweise in der Zeitschrift COMPUTER BILD sind mit einem sogenannten Webcode versehen. Dabei handelt es sich um eine Zahlenfolge, die Sie direkt zur betreffenden Internetseite führt (siehe Schritt 1 der Anleitung). Sie brauchen also nicht erst eine langwierige Suche durchzuführen.

Hier steht Ihnen ein Suchfeld zur Verfügung: ●.

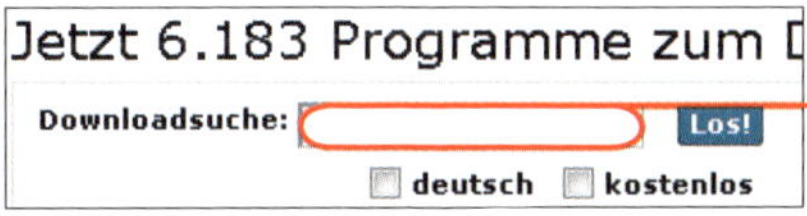

Um sich zunächst einen Überblick zu verschaffen, können Sie aber auch erst mal in verschiedenen Kategorien stöbern: ●.

3 Wenn Sie auf ein interessantes Programm stoßen, klicken Sie auf die Überschrift, beispielsweise ●.

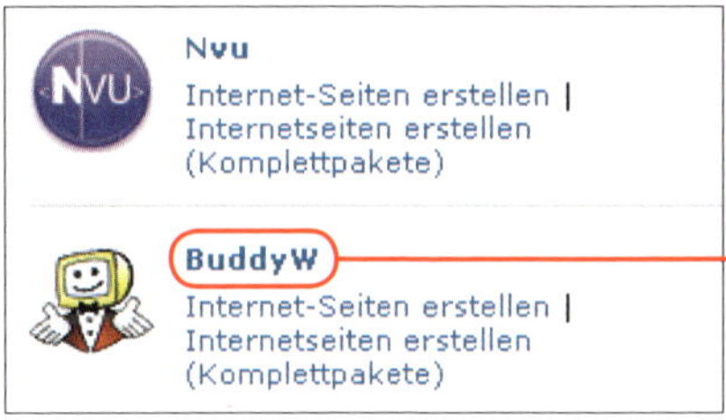

4 Daraufhin wird eine ausführliche Beschreibungsseite angezeigt. Stellen Sie jetzt fest, dass Sie das Programm auf Ihren Rechner überspielen möchten, klicken Sie einfach auf die Schaltfläche ●.

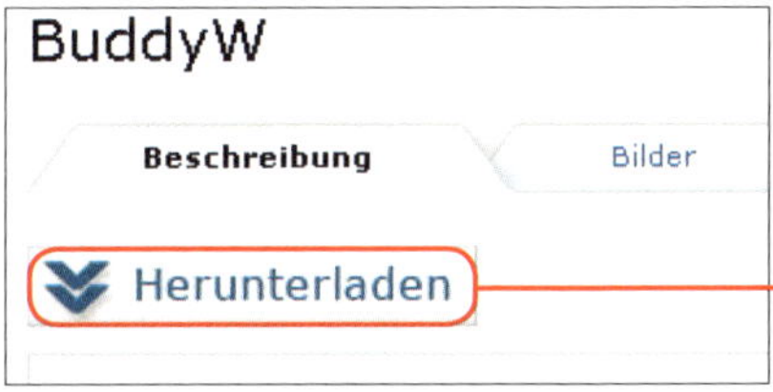

5 Für einige Sekunden erscheint nun ein nach unten weisender Pfeil auf Ihrem Bildschirm: ●.

Dadurch lenkt Chrome Ihre Aufmerksamkeit auf den unteren Bildschirmrand. Im Beispielfall sehen Sie dort zunächst eine Warnmeldung.

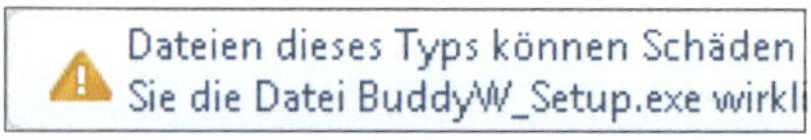

Falls Sie es sich anders überlegen sollten und die **Installations**-Datei des Programms doch *nicht* überspielen wollen, klicken Sie auf ●, sonst aber auf ●.

Diese Warnmeldung erscheint übrigens nicht immer, sondern nur bei potenziell besonders gefährlichen Dateien (siehe Kasten).

Vorsicht vor Dateien aus dem Internet

Sie sollten Dateien aus dem Internet nur von absolut vertrauenswürdigen Seiten auf Ihren Rechner überspielen. Andernfalls besteht das Risiko, dass Sie Ihren Rechner mit einem **Schadprogramm** infizieren. In besonderem Maße gilt dies für Dateien, die ein Programm ausführen, also beispielsweise solchen mit der Dateiendung „exe" oder „com". Daher warnt Chrome Sie auch explizit, wenn Sie eine solche Datei überspielen möchten (siehe Schritt 5).

6 Nachdem Sie sich für das Speichern der Datei entschieden haben, erscheint statt der Warnmeldung eine Infofläche. Sie werden darin über den Fortgang der Datenübertragung auf dem Laufenden gehalten.

Ist die Übertragung beendet, verschwindet die Zeitangabe. Klicken Sie rechts auf ●,

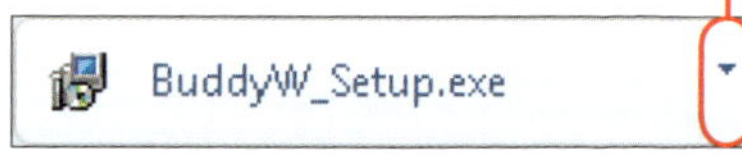

klappt eine Befehlsauswahl auf. Wenn Sie darin auf

klicken, öffnet sich die soeben überspielte Datei. Im Beispielfall würde dadurch die Installationsdatei gestartet, und Sie könnten das Programm gleich einrichten. Hätten Sie einen anderen Dateityp überspielt, beispielsweise ein Musikstück, würde dieses nun in einem Abspielprogramm laufen.

7 Sie haben in der erwähnten Auswahlliste aber auch die Möglichkeit, sich mit einem Mausklick auf ●

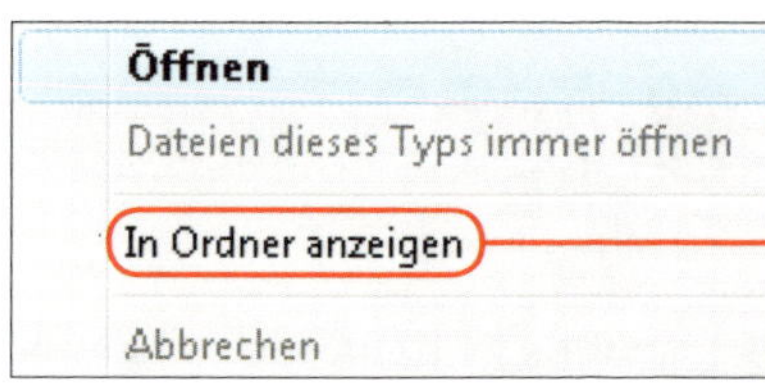

den Ordner anzeigen zu lassen, in dem

die Datei gespeichert wurde. Standardmäßig ist dies Ihr Benutzerordner „Downloads“: ●.

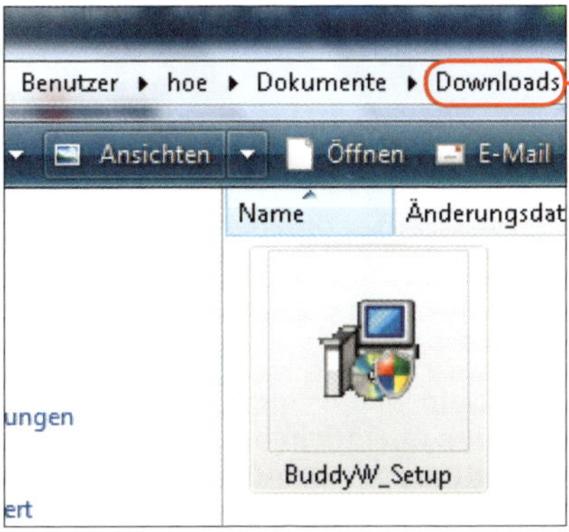

Wie Sie Dateien auf Wunsch in einem anderen Ordner speichern können, erfahren Sie im nächsten Abschnitt.

8 Mitunter haben Sie gar keine Zeit, mit der Datei, die Sie überspielt haben, gleich etwas anzufangen. In diesem Fall klicken Sie einfach rechts auf das Kreuz ●, damit die Meldung verschwindet. Um sich später eine Übersichtsseite aller heruntergeladenen Dateien anzusehen (siehe Seite 36), genügt ein Klick auf ●.

Kostenlose Programme erkennen

Kostenlose Programme werden als Freeware bezeichnet. Davon zu unterscheiden sind Shareware-Programme. Das sind Programme, die Sie für eine bestimmte Zeit (meist 30 Tage) kostenlos ausprobieren dürfen. Nach Ablauf dieser Testphase müssen Sie sich entscheiden, ob Sie das Programm weiternutzen und kaufen möchten oder nicht. Open-Source-Programme sind normalerweise ebenfalls kostenlos. Sie unterscheiden sich von Freeware-Programmen unter anderem dadurch, dass der Programmcode frei zugänglich ist und meist eine ganze Entwicklergemeinschaft an der Programmierung beteiligt ist. Von vielen kommerziellen Programmen gibt es auch Demo-Versionen. Auch diese dienen in erster Linie dazu, Ihnen vor dem Kauf einen Eindruck vom Programm zu vermitteln. Mitunter sind diese Demo-Versionen funktionsmäßig eingeschränkt oder nur für eine bestimmte Zeit nutzbar.

Speicherort festlegen

Standardmäßig speichert Chrome Dateien, die Sie aus dem Internet überspielen, in Ihrem persönlichen Download-Ordner. Nun kann es aber gut sein, dass Sie einen anderen Speicherort bevorzugen. Wenn Sie beispielsweise wollen, dass stets alle Benutzer des Rechners auf heruntergeladene Dateien zugreifen können, ist es sinnvoll, den Ordner „Öffentliche Downloads“ als Standardspeicherort vorzugeben. Um diese Änderung vorzunehmen, gehen Sie folgendermaßen vor:

1 Klicken Sie rechts in der Navigationsleiste auf das Schraubenschlüsselsymbol ●

und danach auf den Eintrag

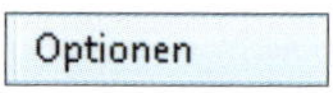

.

2 Im Optionen-Fenster, das daraufhin angezeigt wird, holen Sie gegebenenfalls per Mausklick auf den Registerreiter ●

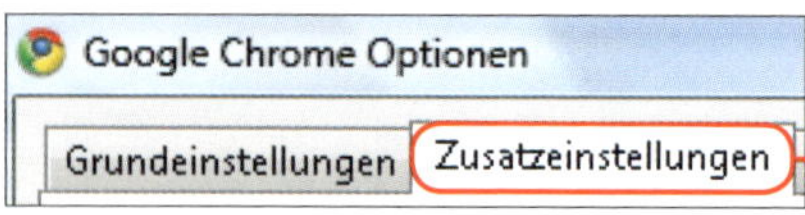

das entsprechende Register in den Bildschirmvordergrund. Auf diesem Register sehen Sie die **Pfad**-Angabe zum aktuellen Standardspeicherort ●.

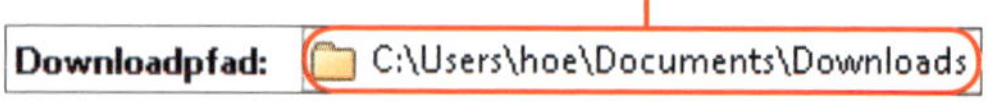

3 Um diesen zu ändern, klicken Sie rechts daneben auf die Schaltfläche

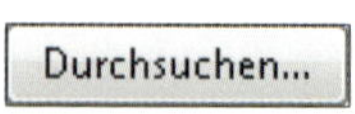

.

Im Beispielfall folgt nun ein Klick auf das helle nach rechts gerichtete Dreieck ●.

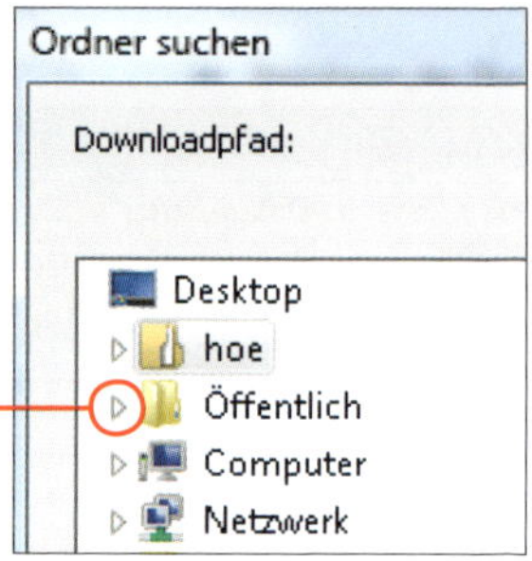

Daraufhin klappt eine Liste mit den verfügbaren öffentlichen Ordnern auf. Setzen Sie dort per Mausklick eine **Markierung** auf ●, und klicken Sie anschließend zur Bestätigung auf ●.

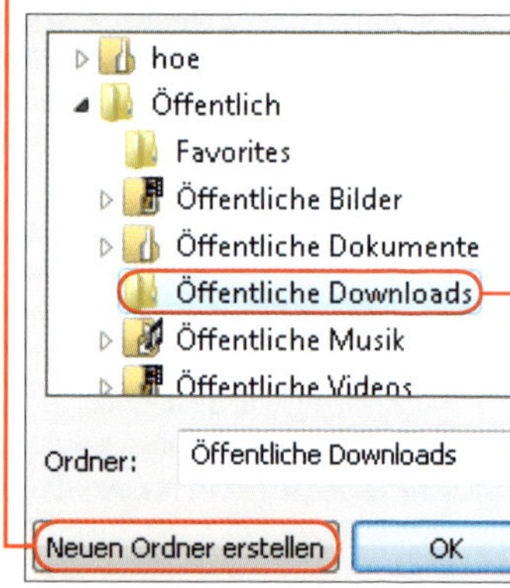

4 Jetzt erscheint im Optionen-Fenster die neue Pfadangabe ●,

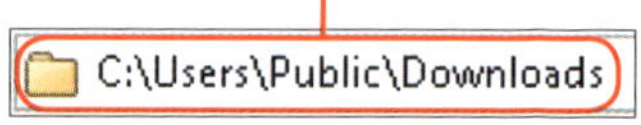

und Sie können das Fenster per Mausklick auf die Schaltfläche

ausblenden. Künftig werden Dateien, die Sie mit Chrome aus dem Internet auf Ihren Rechner überspielen, in diesem Ordner gespeichert. Jeder Benutzer des Rechners kann dann darauf zugreifen.

5 Nun ist es gut möglich, dass Sie häufig ganz unterschiedliche Dateitypen überspielen (etwa Videos, Musikstücke oder Textdokumente). Für jeden dieser Dateitypen gibt es unter Windows Vista spezielle Benutzerordner. Und die sollten Sie sinnvollerweise auch fürs dauerhafte Speichern nutzen, um einen besseren Überblick über Ihre Dateien zu behalten. Wenn Sie alle Dateien aus dem Internet erst einmal in einem einzigen Download-Ordner sammeln, müssen Sie zwangsläufig von Zeit zu Zeit Ordnung schaffen. Der Nachteil: Das Verschieben der Dateien in die passenden Ordner kann auf Dauer recht lästig werden. Deshalb ist es hilfreich, wenn Sie gleich beim Herunterladen den korrekten Ablageort frei wählen können. Auch das geht.

In diesem Fall klicken Sie im Fenster von Schritt 2 einfach in das Kästchen,

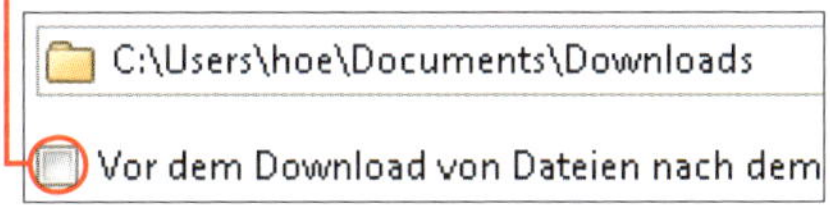

das daraufhin mit einem Haken versehen wird:.

Wenn Sie in Zukunft einen Download starten, erscheint sofort ein **Explorer**-Fenster, in dem Sie dann zum passenden Ordner navigieren können, beispielsweise.

Auf Downloads zugreifen

Chrome merkt sich nicht nur, welche Internetseiten Sie sich angesehen haben (siehe Kapitel 2), sondern auch, welche Dateien Sie aus dem Internet überspielt haben. Das ist vor allem dann praktisch, wenn Sie Ihre Dateien in verschiedenen Ordnern ablegen. Sie brauchen sich gar nicht genau daran zu erinnern, wo Sie eine bestimmte Datei gespeichert haben. Mit der im Folgenden beschriebenen Methode werden Sie sie dennoch ruck, zuck finden.

1 Klicken Sie dazu als Erstes rechts in der Navigationsleiste auf das Schraubenschlüsselsymbol

sowie anschließend auf

.

Alternativ können Sie auch die Tastenkombination [Strg] und [J] drücken.

Daraufhin werden in einem neuen Register alle Ihre Downloads in chronologischer Reihenfolge aufgelistet. Können Sie sich zumindest in etwa an das Datum erinnern, wann Sie die Datei überspielt haben, werden Sie schnell fündig.

2 Sollten Sie den Zeitpunkt allerdings nicht mehr exakt in Erinnerung haben, können Sie stattdessen auch das Suchfeld ●

nutzen. Wenn Sie beispielsweise die Buchstabenfolge ●

eintippen und zur Bestätigung die Taste [↵] drücken oder auf

klicken, werden nur noch passende Downloads angezeigt. Im Beispiel handelt es sich um ein Programm mit der Buchstabenfolge „pdf" im Namen ● und zwei **PDF**-Dokumente: ●.

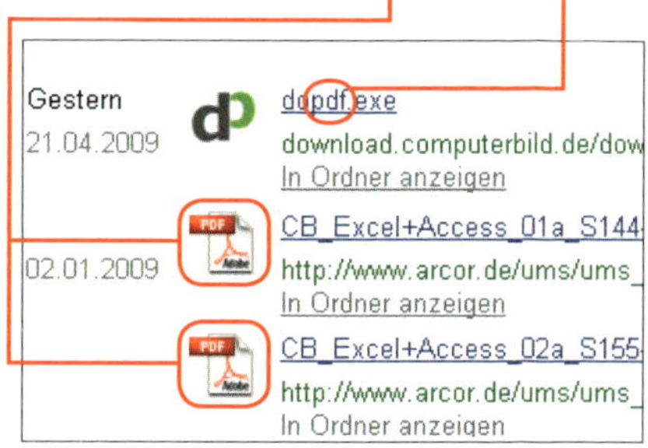

Um sich wieder alle heruntergeladenen Dateien anzeigen zu lassen, klicken Sie einfach auf ●.

3 Direkt von dieser Download-Seite aus können Sie Dateien öffnen. Klicken Sie beispielsweise auf das **MP3**-Musikstück ●,

und nehmen Sie die Sicherheitswarnung

per Mausklick auf die Schaltfläche

zur Kenntnis. Sofort startet Ihr Standard-Wiedergabeprogramm für MP3-Dateien und spielt das Stück gleich ab.

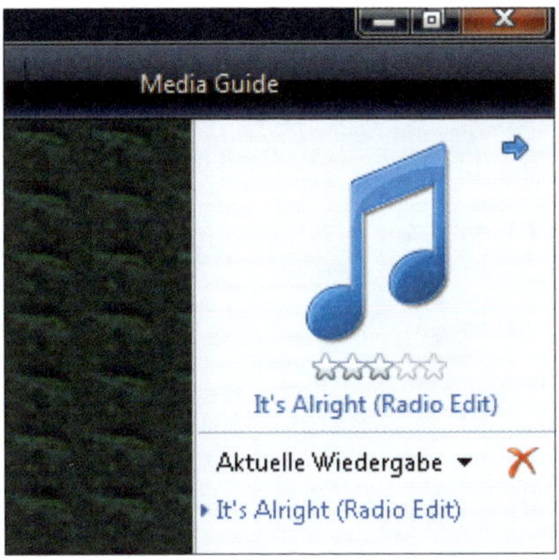

4 Sie können auch blitzschnell den Ordner öffnen, in dem Sie eine heruntergeladene Datei gespeichert haben. Klicken Sie dazu einfach auf den Verweis,

In Ordner anzeigen

den Sie rechts neben jeder Datei finden. Im Beispielfall wird daraufhin ein Explorer-Fenster geöffnet und darin der Inhalt Ihres Musikordners angezeigt.

> **Warnfenster umgeben**
>
> Stört Sie die Sicherheitswarnung bei jedem Öffnen einer Datei (siehe Schritt 3)? Sie können das Warnfenster auch übergehen. Dazu klicken Sie die Datei mit der rechten (!) Maustaste an und wählen dann wieder normal mit der linken Taste im Kontextmenü den Befehl
>
> Öffnen.
>
> Anschließend wird die Datei direkt geöffnet, im Beispielfall also das Abspielprogramm gestartet.

Achtung: Falls Sie eine Datei nachträglich verschieben sollten, funktioniert das nicht mehr!

5 Bei Bedarf können Sie einen Eintrag aus der Download-Liste auch beseitigen. Klicken Sie dazu die Dateibezeichnung mit der rechten (!) Maustaste an, und wählen Sie im aufklappenden Kontextmenü den Befehl

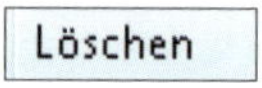

.

Dann wird der Eintrag entfernt. Der Datei selbst passiert dabei natürlich nichts, sie verbleibt ganz normal an ihrem Speicherort.

Download-Link weitergeben

Stellen Sie sich vor, Sie möchten einen Freund auf eine Datei aufmerksam machen, beispielsweise eine kostenlose Musikdatei, die Sie aus dem Internet überspielt haben. In einem solchen Fall brauchen Sie ihm nicht umständlich zu beschreiben, wo er diese Datei findet. Sie können ihm stattdessen einfach einen Link per E-Mail zuschicken.

1 Öffnen Sie die Download-Übersicht, wie im vorigen Abschnitt gezeigt. Klicken Sie dann mit der rechten (!) Maustaste auf die Datei, hier ●,

und im Kontextmenü, das daraufhin erscheint, auf den Eintrag ●.

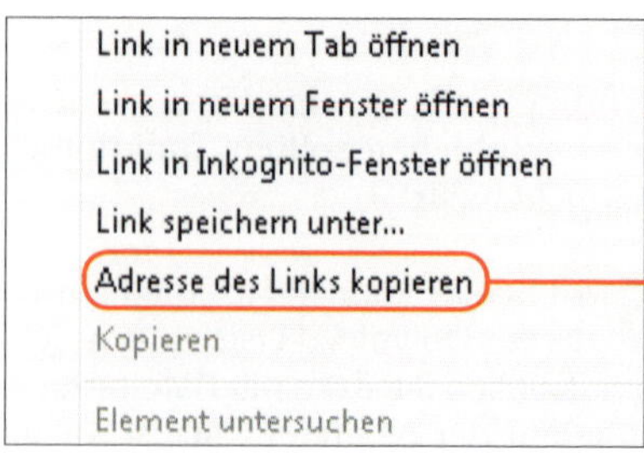

Die Internetadresse, von der Sie die Datei überspielt haben, wird nun in die **Zwischenablage** übernommen.

2 Starten Sie jetzt Ihre E-Mail-Anwendung, adressieren Sie die Nachricht, und schreiben Sie einen Begleittext. Klicken Sie danach mit der rechten (!) Maustaste an die Stelle, an der Sie den Verweis einfügen möchten, etwa hier ●,

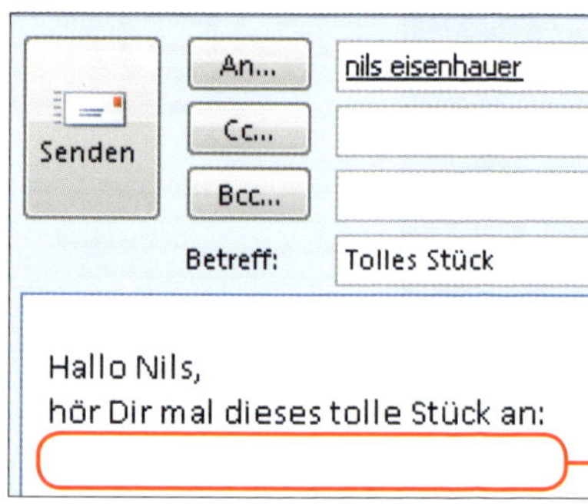

und wählen Sie im Kontextmenü den Befehl

.

Stattdessen können Sie zum Einfügen aus der Zwischenablage auch die Tastenkombination [Strg] und [V] verwenden.

3 Nachdem Sie den Link auf diese Weise in die Nachricht kopiert haben ●, können Sie die E-Mail verschicken. Der Empfänger braucht jetzt nur noch mit einem Mausklick diesem Link zu folgen, um die Datei auf seinen Rechner überspielen zu können.

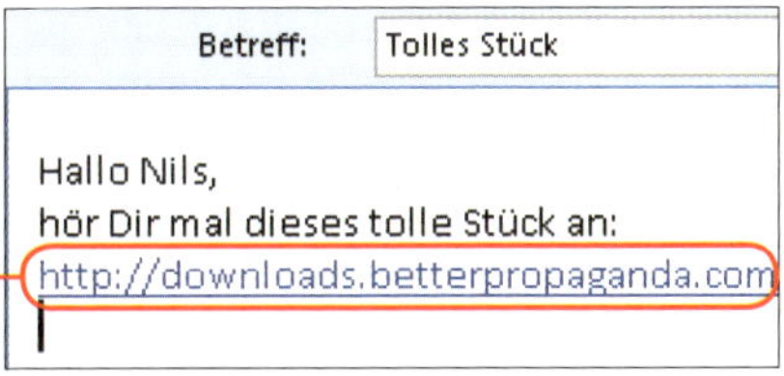

Benutzerdaten speichern

Es gibt eine Vielzahl von Internetdiensten, bei denen Sie ein Benutzerkonto anlegen können. Beispiele sind etwa E-Mail-Konten, Foren oder Online-Gemeinschaften. Der Zugriff auf ein solches Benutzerkonto wird normalerweise durch einen Benutzernamen und ein Passwort geschützt. Meist können Sie beide Bezeichnungen selbst festlegen. Das Betreten des so geschützten Bereichs wird auch als Login oder Einloggen bezeichnet, das Verlassen als Logout oder Ausloggen.

Je mehr solcher Internetdienste Sie nutzen, desto lästiger wird es, sich all diese Benutzerdaten zu merken. Chrome bietet Ihnen daher an, die Login-Angaben zu speichern. Das ist einerseits eine feine Sache. Andererseits müssen Sie dadurch besonders aufpassen, dass sich niemand unberechtigt Zugriff verschafft. Sie sollten diese Speichermöglichkeit daher nur bei solchen Diensten in Anspruch nehmen, bei denen ein unbefugter Zugriff nicht weiter tragisch wäre.

1 Unter der Adresse **www.mister-wong.de** erreichen Sie zum Beispiel einen Dienst, der es Ihnen ermöglicht, **online** Ihre Lesezeichen zu verwalten. Das hat den Vorteil, dass Sie von unterwegs und von jedem beliebigen Rechner aus auf Ihre Lieblingsseiten zugreifen können. In diesem Zusammenhang hält sich das Sicherheitsproblem in Grenzen. Daher können Sie sich die Anmeldeprozedur künftig getrost bequemer machen. Rufen Sie zunächst ganz normal die Login-Seite auf. Tippen Sie dort Ihren Benutzernamen und Ihr Passwort ein ●, und klicken Sie dann auf ●.

2 Zwischen der Navigationsleiste und dem Anzeigebereich erscheint nun eine gelbe Leiste:

Wenn Sie die Benutzerdaten speichern wollen, klicken Sie rechts in dieser Leiste auf die Schaltfläche

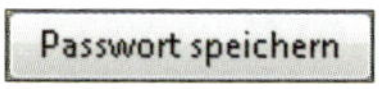

.

3 Sobald Sie künftig die Login-Seite von Mister Wong aufrufen, sind dort, ohne dass Sie einen einzigen Buchstaben eintippen müssen, Ihr Benutzername und Ihr Passwort bereits eingetragen: ●. Sie brauchen also nur noch auf ●

zu klicken, um Ihren geschützten Bereich zu betreten.

In manchen Fällen funktioniert das allerdings nicht ganz so reibungslos wie im Beispiel oder sogar überhaupt nicht. Sollten die Daten nicht komplett angezeigt werden, können Sie aber versuchen, den Benutzernamen einzutippen. Oft wird danach wenigstens das Passwort automatisch ergänzt.

4 Wie erwähnt, sollten Sie von dieser Speichermöglichkeit nur sehr vorsichtig Gebrauch machen. Wenn Sie beispielsweise online auf Ihr Bankkonto zugreifen, ist es höchst ratsam, im Schritt 2 auf die Schaltfläche ● zu klicken. Chrome wird Sie dann in Zukunft nicht mehr fragen, ob diese Benutzerdaten gespeichert werden sollen. Wollen Sie die Entscheidung, ob Sie die Benutzerdaten speichern möchten oder nicht, vertagen, klicken Sie einfach auf das Kreuz ●.

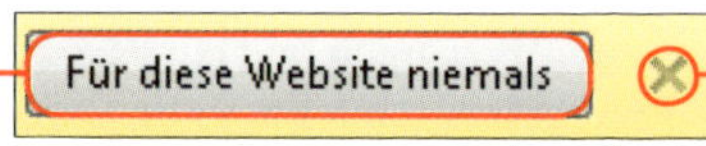

Beim nächsten Login werden Sie dann erneut gefragt.

5 Falls Sie einmal ein Passwort versehentlich gespeichert haben sollten, können Sie es natürlich auch wieder löschen. Wie das geht, erfahren Sie auf Seite 103 ff. im Kapitel 6, das sich mit dem Thema Sicherheit beschäftigt. Dort erhalten Sie auch weitere Hinweise, was Sie beim Umgang mit Passwörtern beachten sollten.

Trickreich im Internet stöbern

Im vorigen Kapitel haben Sie die Grundtechniken des Surfens kennengelernt. Je intensiver Sie das Internet nutzen, desto interessanter sind die folgenden Profitipps, die Ihnen den einen oder anderen Mausklick ersparen. Der Nutzen der folgenden Tipps ergibt sich in der praktischen Arbeit mit Chrome recht schnell. So lassen sich, wenn Sie an verschiedenen Themen interessiert sind, diese Themen in separaten Fenstern verfolgen. Dies hilft der bei Orientierung. Zum Beispiel können Sie in den Registern des einen Chrome-Fensters geschäftliche Internetseiten und in dem anderen Chrome-Fenster private Interessen verfolgen.

1 Fixes Öffnen einer Seite in einem neuen Register: Wenn Sie eine neue Adresse ansteuern wollen, brauchen Sie nur die Tastenkombination [Strg] und [L] zu drücken. Dann wird die bisherige Adresse markiert und kann sofort überschrieben werden. Sowie Sie zur Bestätigung die Taste [↵] drücken, wechselt die Seitenanzeige. Drücken Sie stattdessen zur Bestätigung die Tastenkombination [Alt] und [↵], wird die betreffende Adresse sogar gleich in einem neuen Register geladen! Das geht deutlich schneller, als wenn Sie erst ein neues Register öffnen und dann die Adresse eintippen.

2 Register in einem neuen Fenster öffnen: Beim Surfen haben Sie ruck, zuck eine Vielzahl von Registern gleichzeitig geöffnet. Mitunter kommen Sie beispielsweise bei Recherchen so schnell vom Hölzchen aufs Stöckchen, dass Sie zwei oder mehr Zweige verfolgen. Damit Sie den Überblick nicht verlieren, kann es sinnvoll sein, mit mehreren Fenstern zu arbeiten und Themen separat zu verfolgen. Im einfachen Beispielfall befindet sich im ersten Register die Ergebnisseite einer Google-Recherche, im zweiten haben Sie Ihr Online-Postfach geöffnet, und danach folgen Register, die Sie von der Google-Seite ausgehend in neuen Registern geöffnet haben. Kurz: Die Seite mit Ihrem Postfach passt inhaltlich nicht zu den anderen, und daher wollen Sie sie lieber in einem separaten Fenster anzeigen. Nichts leichter als das: Klicken Sie auf den Registerreiter ●,

halten Sie die Maustaste gedrückt, und führen Sie dann mit weiterhin gedrückter Maustaste eine Ziehbewegung nach unten aus, bis ein Vorschaubild des neuen Fensters schemenhaft zu sehen ist.

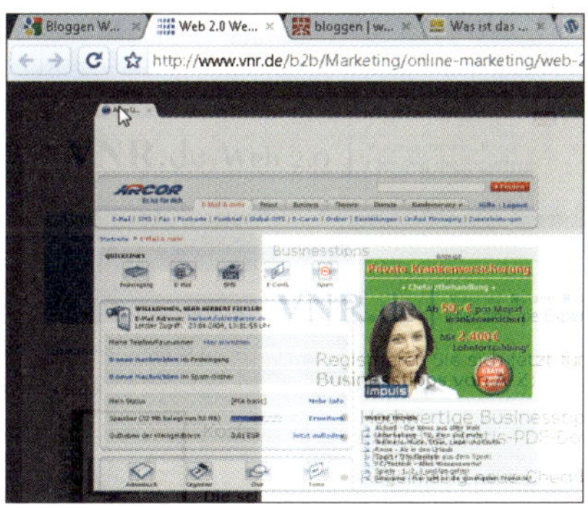

Dann lassen Sie die Maustaste einfach los. Über die **Taskleiste** können Sie nun ganz nach Bedarf das Fenster mit der Recherche ● oder das neue Fenster mit dem E-Mail-Konto ●

in den Vordergrund holen.

3 Ein Register ein zweites Mal öffnen: Es gibt Fälle, in denen Sie eine Seite zweimal anzeigen möchten. Beispielsweise dann, wenn Sie - ausgehend vom Ergebnis einer Suche - zwei Recherche-Zweige verfolgen wollen. Das bietet sich zum Beispiel an, wenn Sie bei Ebay mehrere Angebote parallel öffnen möchten. Nun könnten Sie natürlich einfach die Adresse der Seite kopieren (siehe nächste Seite), ein neues Register öffnen, die Adresse aus der Zwischenablage einfügen und die Seite aufrufen. Recht kompliziert, oder? Es geht glücklicherweise auch einfacher, nämlich indem Sie das Register duplizieren. Im Beispiel soll die Google-Seite, die sich gerade im Vordergrund befindet, verdoppelt werden. Klicken Sie dazu mit der rechten (!) Maustaste auf den Registerreiter ●

und dann im aufklappenden Kontextmenü auf den Befehl ●.

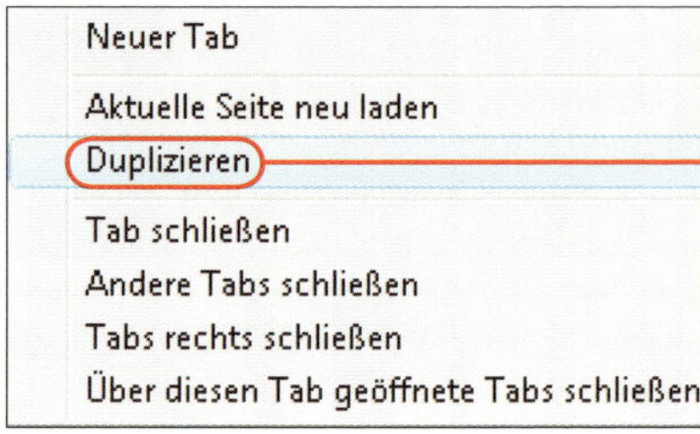

Das Register wird daraufhin kopiert und erscheint direkt rechts daneben: ●.

4 Register klug schließen: Wie Sie ein einzelnes Register oder alle außer einem schließen, wurde Ihnen bereits im vorigen Kapitel auf Seite 24 gezeigt. Es gibt aber noch zwei Varianten. Im Beispielfall sind mehrere Register geöffnet. Das dritte von links ● haben Sie, ausgehend von einem Link des zweiten Registers, geöffnet. Klicken Sie dieses zweite Register ●

mit der rechten (!) Maustaste an und wählen anschließend im Kontextmenü den Befehl ●,

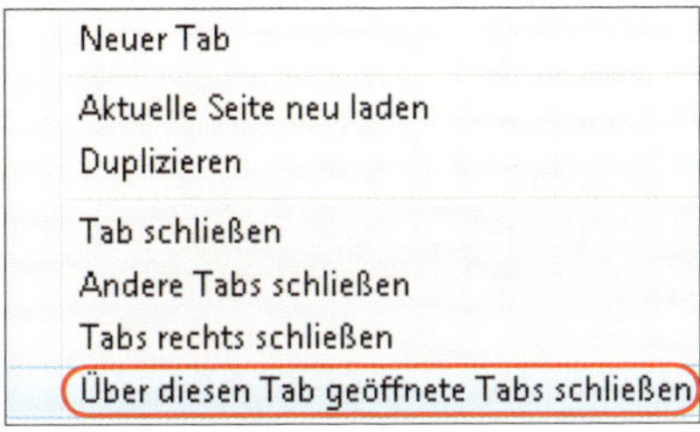

wird dieses dritte Register geschlossen.

Der Grund: Es wurde „über" - im Sinn von ausgehend von - dem zweiten Register geöffnet.

Wenn Sie im Kontextmenü stattdessen auf den Befehl

Tabs rechts schließen

klicken, werden alle Register rechts von demjenigen geschlossen, das Sie angeklickt haben.

Alle links davon bleiben hingegen geöffnet.

Eine Internetadresse weitergeben

Mithilfe der Zwischenablage können Sie ganz leicht interessante Internetadressen weitergeben.

1 Wenn Sie sich auf einer Seite befinden, deren Adresse Sie an einen Kollegen oder Bekannten weitergeben möchten, markieren Sie sie per Mausklick in der Adressleiste oder indem Sie die Tastenkombination [Strg] und [L] drücken.

2 Danach klicken Sie mit der rechten (!) Maustaste in die Markierung und anschließend im aufklappenden Kontextmenü auf den Befehl

Kopieren .

Die Adresse befindet sich nun in der Zwischenablage. Wie auf Seite 38/39 beschrieben, können Sie sie jetzt in den Nachrichtentext einer E-Mail oder auch beispielsweise in ein Word-Dokument einfügen.

3 Auch eine Link-Adresse können Sie leicht weitergeben. Dazu brauchen Sie die Seite nicht einmal aufzurufen. Klicken Sie einfach mit der rechten (!) Maustaste auf den Link, im Beispiel ●,

und wählen Sie im dann aufklappenden Kontextmenü den Befehl ●.

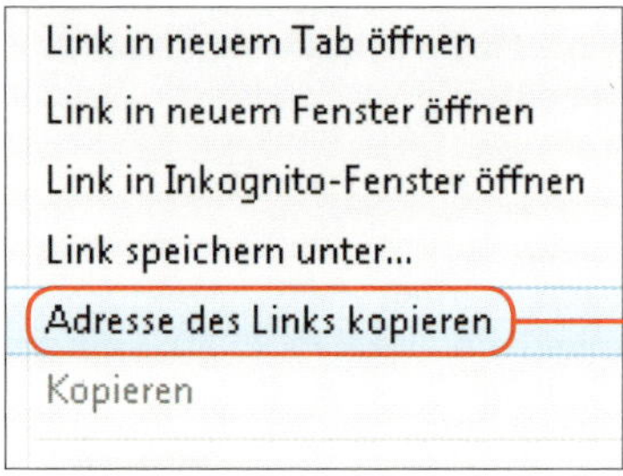

Die Seitenadresse, auf die durch den Link verwiesen wird, befindet sich daraufhin in der Zwischenablage.

4 Wenn Ihnen jemand einen Link zuschickt, sei es per E-Mail oder in einem Dokument, können Sie diese Adresse ebenfalls ganz leicht ansteuern: Kopieren Sie sie in die Zwischenablage, markieren Sie dann die aktuell angezeigte Adresse, und klicken Sie anschließend mit der rechten (!) Maustaste in die Markierung. Im Kontextmenü folgt ein Mausklick auf den Befehl ●.

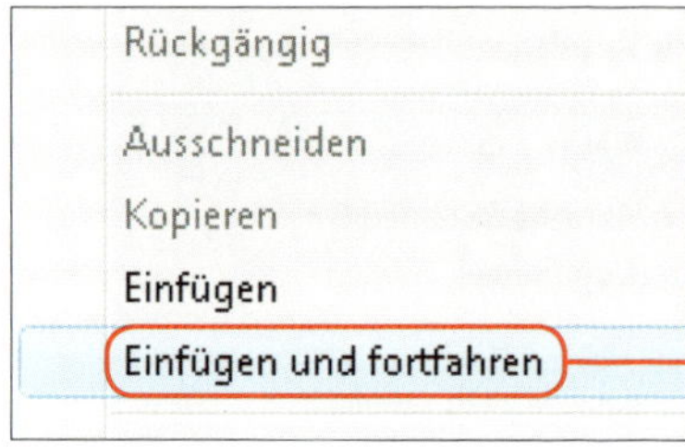

Die Adresse wird anschließend eingefügt, und gleichzeitig wird die dazugehörige Seite aufgerufen. Wenn Sie stattdessen auf

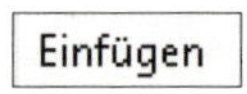

klickten, würde nur die Adresse eingefügt. Um die entsprechende Seite aufzurufen, müssten Sie erst noch die Taste ↵ drücken oder auf

klicken.

Tricks beim Aufrufen von Links

Wenn Sie einen Link anklicken, wechselt die Anzeige zur betreffenden Seite. Zudem können Sie nach einem Rechtsklick auf einen Link in einem Kontextmenü festlegen, dass die Seite in einem neuen Register oder in einem neuen Fenster geöffnet wird. Es gibt jedoch Tricks, mit deren Hilfe Sie Mausklicks einsparen können.

1 Drücken Sie die Taste Strg und klicken dann auf einen Link, wird die betreffende Seite in einem neuen Register geöffnet. Sie sparen sich also den Weg über das Kontextmenü.

2 Wenn Sie die Tastenkombination Strg und ⇧ drücken und dann auf einen Link klicken, wird die Seite ebenfalls in einem neuen Register geöffnet. Dieses neue Register rückt in dem Fall aber, anders als im vorigen Schritt, gleich in den Vordergrund.

3 Damit die betreffende Seite in einem neuen Fenster geöffnet wird, drücken Sie die Taste ⇧ und klicken dann auf einen Link.

4 Es gibt noch einen eleganten Weg, Links in einem neuen Register zu öffnen. Im Beispielfall befindet sich eine Google-Seite im Vordergrund: ●. Zusätzlich haben Sie noch ein weiteres Register geöffnet: ●. Dieses zweite Register benötigen Sie nicht mehr, und von der Google-Seite aus wollen Sie einen Link in einem neuen Register öffnen. Das lässt sich alles in einem Aufwasch erledigen: Klicken Sie auf der angezeigten Google-Seite auf den Link ●,

halten Sie die Maustaste gedrückt, und ziehen Sie den Link mit weiterhin gedrückter Maustaste auf den Reiter des Registers, das Sie nicht mehr benötigen,

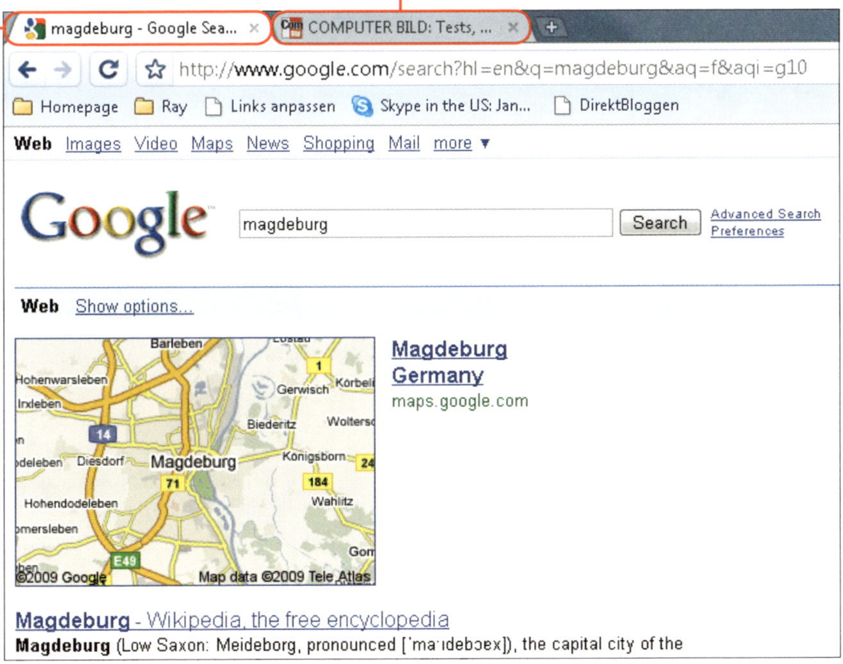

in diesem Beispielfall also ●.

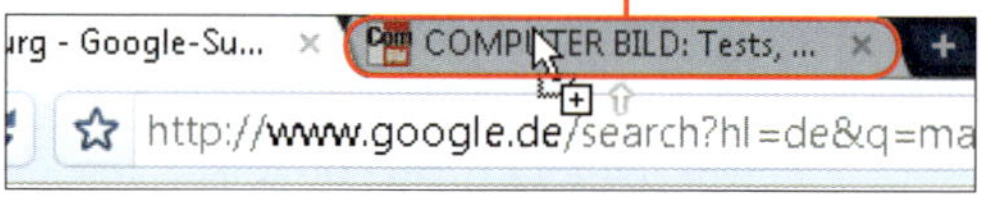

Sowie Sie nun die Maustaste loslassen, wird die Seite in diesem Register geladen.

Wenn Sie diese Technik konsequent anwenden, sorgt dies dafür, dass Chrome nicht überladen ist von Registern, die Sie nicht mehr brauchen und die deshalb letztlich nur die Übersicht beeinträchtigen würden.

5 Was aber, wenn Sie zwar einen Link in einem neuen Register öffnen wollen, alle anderen geöffneten Register aber Ihrem Wunsch nach unbedingt bestehen bleiben sollen? Dann ziehen Sie den Link einfach zwischen

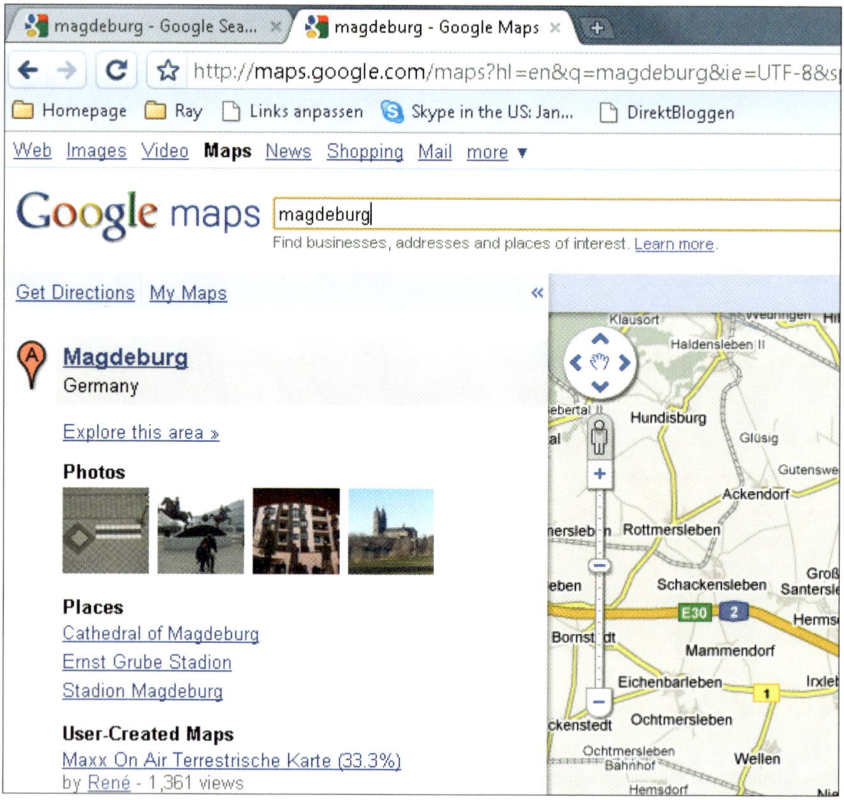

zwei Reiter, im Beispiel hierhin ●.

Lassen Sie dann die Maustaste los, wird an dieser Position ein neues Register mit der betreffenden Seite geöffnet.

6 Die klassische Methode steht Ihnen immer frei: Selbstverständlich können Sie einen Link auch auf das Symbol ziehen, mit dessen Hilfe Sie grundsätzlich ein neues Register öffnen:

Dann wird die verlinkte Seite ganz normal rechts außen mit einem neuen Registerreiter platziert und direkt geöffnet.

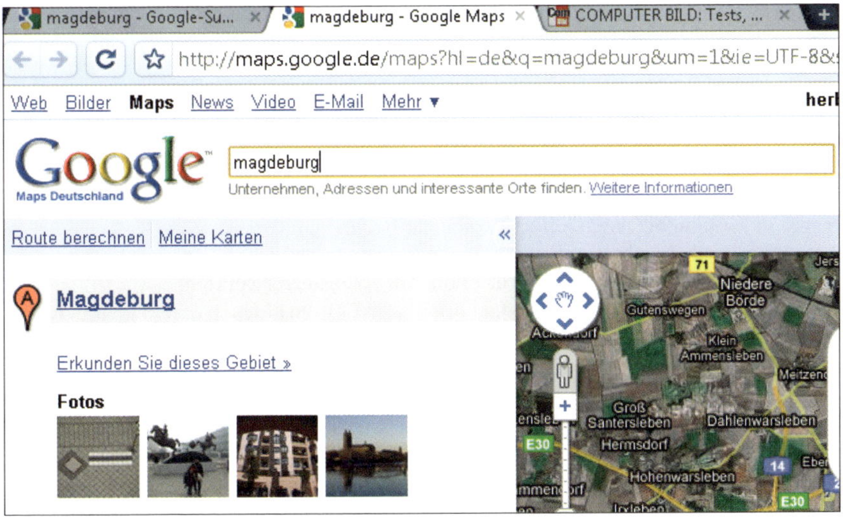

4 Interessante Seiten finden

Das, was den Reiz des Internets ausmacht, ist gleichzeitig sein Hauptproblem: die sensationelle Fülle an Internetseiten. Und tagtäglich werden es mehr. Damit Sie sich in diesem unglaublichen Informationsangebot zurechtfinden und das Internet überhaupt erst effizient nutzen können, benötigen Sie die Hilfe von sogenannten Suchmaschinen. Das sind Internetauftritte, die darauf spezialisiert sind, das Internet nach Informationen zu durchforsten. Google betreibt die derzeit bekannteste Suchmaschine im Internet. Diese dominierende Position geht so weit, dass sich das Verb „googeln" für das Durchführen einer Internetrecherche im allgemeinen Sprachgebrauch durchgesetzt hat. Ja, es ist sogar im Duden verzeichnet. Da verwundert es nicht, dass der Browser Chrome aus dem Hause Google mit einigen ausgefeilten Suchtechniken ausgestattet ist. In Windeseile können Sie beliebige Suchmaschinen befragen oder auch das in **Datenbanken** gespeicherte Wissen anzapfen.

Im vierten Kapitel dieses Buches erfahren Sie,

- wie Sie Google befragen, ohne die Seite aufrufen zu müssen,
- welche Tricks es gibt, um Suchanfragen klug zu formulieren,
- wie Sie andere Suchmaschinen über die Adressleiste verwenden,
- wie Sie gleich beim Programmstart oder beim Öffnen eines neuen Registers Ihre Lieblings-Suchhelfer zu Rate ziehen können
- und wie Sie bestimmte Textstellen auf umfangreichen Internetseiten finden.

Kapitel-Wegweiser

Suchanfrage in der Adressleiste durchführen

Mit Chrome können Sie eine Google-Recherche durchführen, ohne die Google-Seite **www.google.de** aufzurufen. Das allein wäre aber noch nichts Besonderes, da die Konkurrenz-Browser Internet Explorer und Firefox über integrierte Suchfelder dazu ebenfalls in der Lage sind. Chrome geht jedoch einen anderen Weg und spart sich ein separates Suchfeld.

1 Google nützt die Adressleiste gleichzeitig als Eingabefeld für die eingestellte Standardsuchmaschine. Solange Sie keine andere als Standard definieren (siehe den entsprechenden Abschnitt auf Seite 55), handelt es sich dabei verständlicherweise um Google selbst. Für Sie bedeutet das, dass Sie einfach in die Adressleiste eingeben können, wonach Sie suchen. Tippen Sie beispielsweise die zwei Begriffe

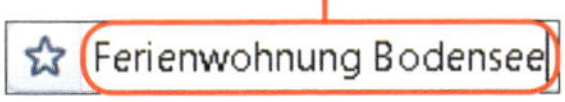

ein, und drücken Sie danach zur Bestätigung die Taste [↵].

2 Chrome erkennt, dass es sich bei der Eingabe nicht um eine Internetadresse handelt, interpretiert die Begriffe daher als Suchanfrage und zeigt Ihnen blitzschnell die entsprechende Ergebnisseite an.

! Google unterbreitet Suchvorschläge

Während Sie eine Zeichenfolge eintippen, etwa,

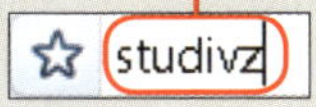

schlägt Ihnen Chrome nicht nur Seiten aus dem Verlauf oder den Lesezeichen vor, die Sie auf Seite 67 kennenlernen werden. Sie bekommen auch Internetadressen, die vielleicht passen könnten, oder sogar Suchvorschläge

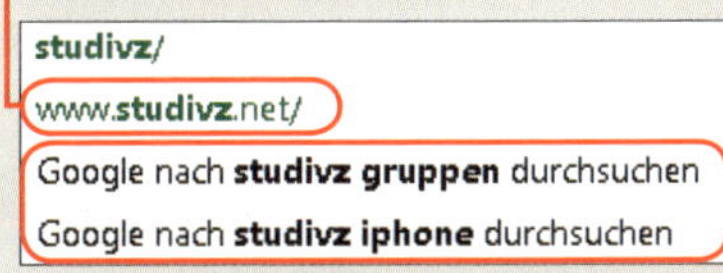

unterbreitet. Der Dienst, der diese Vorschläge macht, heißt übrigens Google Suggest (engl. „to suggest" = vorschlagen).

3 Aufgrund der automatischen Vorschläge brauchen Sie sich in vielen Fällen gar keine Gedanken mehr zu machen, welche Seiten wohl die gewünschte Information enthalten könnten. Tippen Sie einfach aufs Geratewohl ein, wonach Sie suchen. Das kann sogar in Form einer Frage geschehen. Ein Beispiel: Sie sind nicht gerade ein geübter Koch und möchten wissen, wie man Bratkartoffeln zubereitet. Tippen Sie einfach die entsprechende Frage in die Chrome-Adressleiste ein ●,

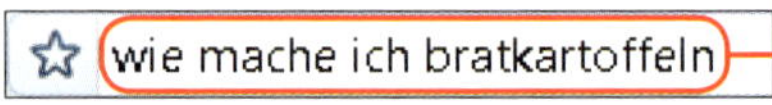

und drücken Sie zur Bestätigung die Taste ↵. Schon werden Sie mit Rezepten, Tipps und Hinweisen geradezu überschüttet.

Ein Anruf bei Mutti oder Oma erübrigt sich also …

4 Auch die Suchoperatoren, mit deren Hilfe Profi-Sucher ihre Google-Anfragen verfeinern, stehen Ihnen zur Verfügung. Setzen Sie die Suchbegriffe zum Beispiel in Anführungszeichen, wird nach dem exakten Vorkommen der Wortgruppe oder des Satzes gesucht. Hätten Sie die Frage also so eingetippt ●,

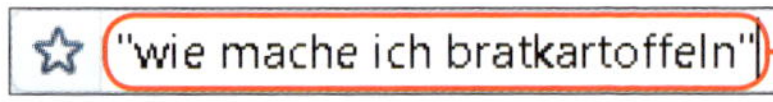

wären nur Seiten angezeigt worden, die exakt diese Formulierung in genau dieser Schreibweise enthalten.

Im Beispielfall macht das natürlich keinen Sinn. Aber wenn Sie zum Beispiel nach Personen suchen, ist es oft hilfreich, Vor- und Nachnamen einzutippen und in Anführungszeichen zu setzen.

Chrome macht Vorschläge bei Fehleingaben

Beim Eingeben einer Internetadresse kann es schnell mal zu einem Tippfehler kommen. Im Beispielfall hat sich ein Buchstabendreher eingeschlichen:

Diese Adresse gibt es nicht. Chrome unterbreitet Ihnen in einem solchen Fall einen Vorschlag, hier:

Handelt es sich dabei um die Adresse, die Sie eigentlich aufrufen wollten, müssen Sie den Link nur anklicken, um verbunden zu werden.

5 Damit ein Begriff ausgeschlossen wird, setzen Sie ein Minuszeichen davor. Angenommen, Sie haben alle denkbaren Bratkartoffel-Varianten durchprobiert - aber immer noch reichlich Kartoffeln in der Vorratskammer. Um nun etwas Abwechslung in den Speiseplan zu bringen, könnte eine mögliche Suchanfrage lauten:

Das Minuszeichen vor dem Wort Bratkartoffel bewirkt, dass dieser Begriff in den Suchergebnissen *nicht* vorkommen darf. Das Ergebnis: Jede Menge leckerer Kartoffel-Rezepte - außer eben Bratkartoffeln:

6 Nun reicht's aber mit den Kartoffeln. Alles andere ist akzeptabel: Reis, Nudeln, Knödel, nur keine Kartoffeln mehr. Die Suchanfrage könnte dann beispielsweise so aussehen:

Und hier das Resultat: Durch die Eingabe des großgeschriebenen „OR" (zu Deutsch: „oder") legen Sie fest, dass es genügt, wenn *einer* der Begriffe auf der Seite vorkommt, also Nudeln *oder* Reis *oder* Knödel. Das Minuszeichen eliminiert, wie im vorigen Schritt gezeigt, die mittlerweile ungeliebten Kartoffeln.

7 Zur Verdeutlichung: Hätten Sie die Suchanfrage ohne den Suchoperator „OR" formuliert, also so eingetippt ●,

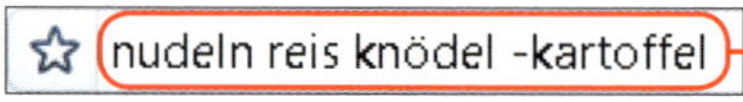

wären nur Seiten angezeigt worden, die *alle* Begriffe, also Nudeln, Reis und Knödel enthalten.

8 Manchmal stolpern Sie auf einer Internetseite über einen Begriff, zu dem Sie Näheres wissen möchten. Das klappt ganz ohne Tipparbeit. **Markieren** Sie das Wort (ganz normal wie in einem Textverarbeitungsprogramm),

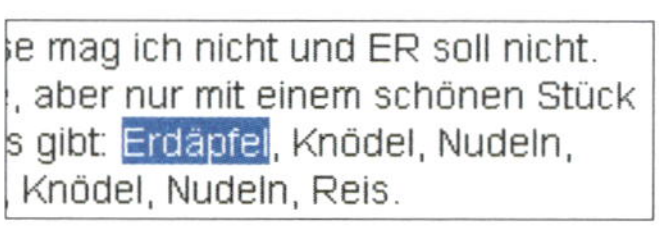

klicken Sie dann mit der rechten (!) Maustaste in die Markierung, und wählen Sie anschließend im Kontextmenü den Befehl ●.

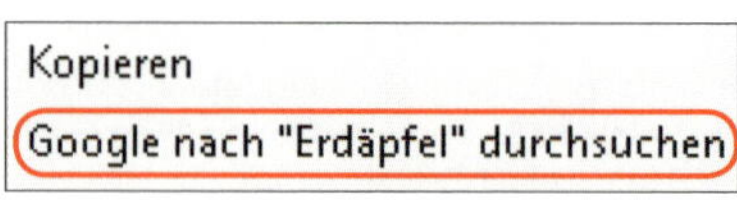

Daraufhin wird Ihnen in einem *neuen* Register die Ergebnisseite angezeigt.

9 Falls Sie die Recherche erst später durchführen wollen, gehen Sie zunächst so vor wie im letzten Schritt, klicken aber im Kontextmenü auf den Befehl

oder drücken nach dem Markieren die **Tastenkombination** [Strg] und [C]. Sie übernehmen das Wort dadurch in die **Zwischenablage**. Wann immer Sie die Suche dann durchführen möchten, klicken Sie mit der rechten (!) Maustaste in die Adressleiste und danach auf ●.

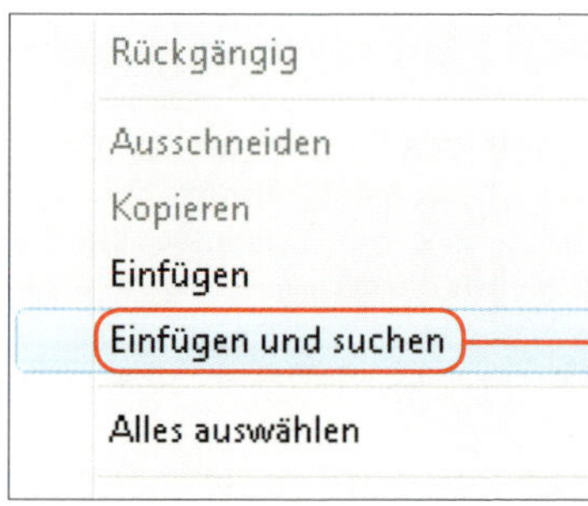

Die Ergebnisseite wird dann in *diesem* Register aufgerufen.

Einen Suchbegriff in die Adressleiste ziehen

Es gibt noch eine elegante Variante, wie Sie – ausgehend von einem Textstück – eine Google-Suche in Auftrag geben können, ohne einen einzigen Buchstaben eintippen zu müssen. Wenn Sie beispielsweise mehr über den Snooker-Sport erfahren möchten, klicken Sie doppelt auf das Wort,

um es zu markieren:.

Anschließend klicken Sie in die Markierung, halten die Maustaste gedrückt und führen den Zeiger mit weiterhin gedrückter Maustaste über die Adressleiste. Sobald der Mauszeiger seine Form verändert,

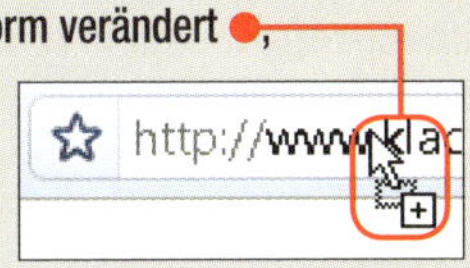

können Sie die Maustaste loslassen. Schon wird die Google-Ergebnisseite angezeigt.

Andere Suchmaschinen benutzen

Google ist zweifellos die bekannteste und am häufigsten genutzte Suchmaschine, aber bei Weitem nicht die einzige. Zudem gibt es zahlreiche Datenbanken, die Sie **online** abfragen können. In vielen Fällen erkennt Google, wenn Sie eine Seite mit einer Suchmöglichkeit aufrufen, und bietet Ihnen - zumindest nach mehrmaliger Nutzung - eine bequeme Art der Abfrage an.

1 Tippen Sie beispielsweise die Adresse der Suchmaschine Web.de ein, wobei Sie sich sogar das einleitende „www." ersparen können. Drücken Sie aber *noch nicht* die Taste ↵!

Rechts in der Adressleiste erscheint daraufhin ein Hinweis.

Wenn Sie diese Anweisung befolgen und die Tabulatortaste [Tab] drücken, verwandelt sich die Adressleiste in ein Eingabefeld:

2 Tippen Sie jetzt einfach Ihre Suchbegriffe ein, etwa

und drücken Sie zur Bestätigung die Taste [Enter]. Schon erscheint die Ergebnisseite der Suchanfrage.

In der Praxis brauchen Sie natürlich nicht nach jedem Schritt innezuhalten. Sie können ganz einfach in einem Guss „web.de" eintippen, die Tabulatortaste drücken, dann Ihren Suchbegriff eingeben und zur Bestätigung [Enter] drücken.

3 Wenn Sie Chrome starten oder mit einem Mausklick auf

ein neues Register öffnen, wird Ihnen eine Übersicht der Seiten, die Sie am häufigsten besuchen, angezeigt. Zudem befindet sich ein Suchfeld auf dieser Seite, mit dessen Hilfe Sie Ihren Verlauf durchforsten können. Das ist aber nicht die einzige Hilfestellung, die Chrome Ihnen gibt, um schnell an gewünschte Seiten zu kommen. Falls Sie bestimmte Suchmaschinen oder Datenbanken häufiger abfragen, erscheinen ohne Ihr Zutun entsprechende Eingabefelder. Diese können Sie nutzen, als wären Sie auf der entsprechenden Suchseite selbst. Klicken Sie also beispielsweise in das Feld ,

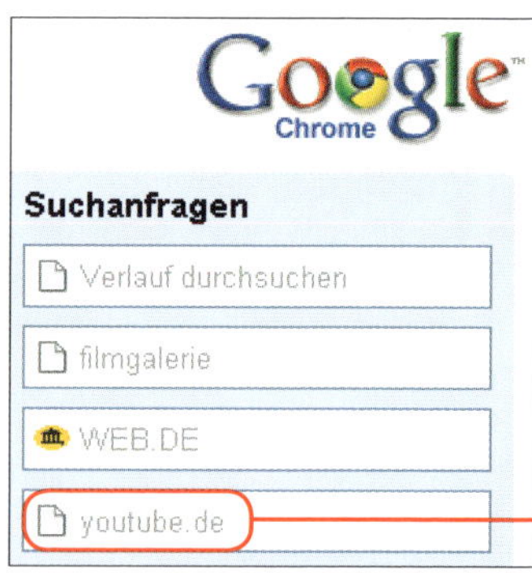

tippen Sie einen Begriff ein, hier ●,

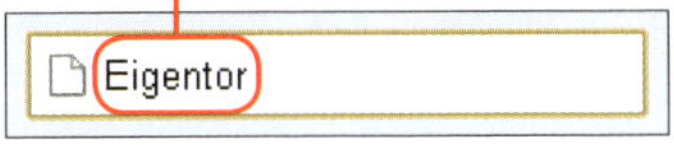

und drücken Sie die Taste ↵. Daraufhin führt Chrome eine Suche auf der YouTube-Seite durch und präsentiert Ihnen die entsprechenden Ergebnisse.

Eine Standardsuchmaschine definieren

Es versteht sich fast von selbst: Google ist bei Chrome von Haus aus als Standardsuchmaschine aktiv. Auf Wunsch können Sie davon jedoch abweichen und einen anderen Helfer auswählen. Dann lässt sich über die Adressleiste statt Google die alternative Suchmaschine abfragen, wie im vorigen Abschnitt beschrieben.

1 Damit standardmäßig eine andere Suchmaschine ihren Dienst aufnimmt, klicken Sie rechts in der Navigationsleiste auf das Schraubenschlüsselsymbol

und anschließend auf den Eintrag ●.

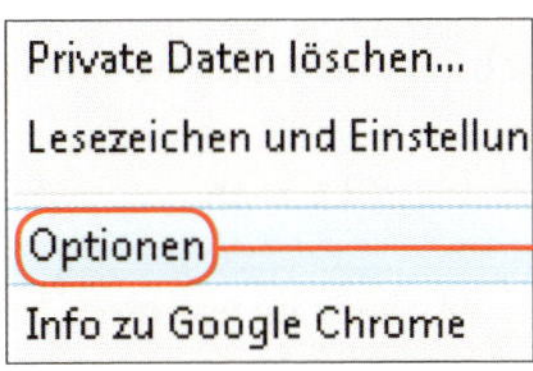

2 Im Optionen-Fenster benötigen Sie nun das Register „Grundeinstellungen". Klicken Sie daher auf den gleichnamigen Registerreiter ●,

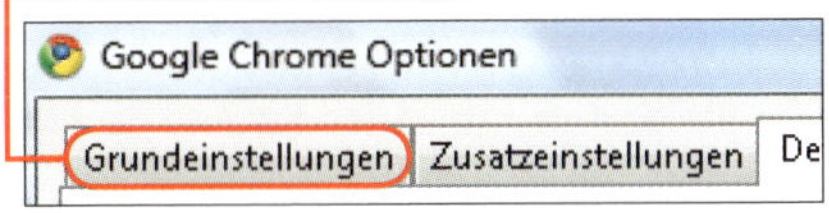

falls das Register nicht sowieso schon im Bildschirmvordergrund angezeigt werden sollte.

3 Auf der entsprechenden Seite öffnen Sie per Klick auf die Schaltfläche ●

eine Auswahlliste mit verschiedenen Suchmaschinen. Klicken Sie dort beispielsweise auf ●.

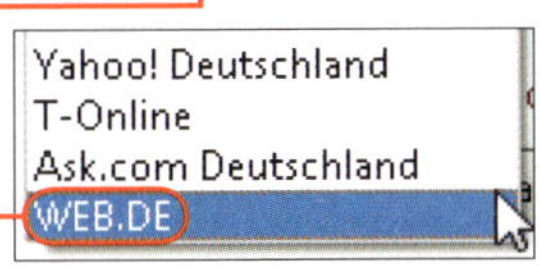

Eine Standardsuchmaschine definieren

Statt Google erscheint jetzt ●

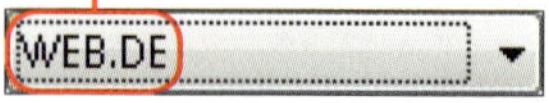

als Standardsuchmaschine, und Sie brauchen nur noch auf die Schaltfläche

zu klicken. Künftig können Sie über die Adressleiste (statt Google) die Suchmaschine Web.de abfragen – und zwar genauso, wie es im ersten Abschnitt dieses Kapitels am Beispiel von Google beschrieben wurde.

4 Es kommt noch besser: Wie bereits erwähnt, erkennt Google Seiten mit einer Suchfunktion, die Sie bei Ihren Surfausflügen nutzen, und merkt sie sich. Auch diese Suchhelfer können Sie als Standard festlegen, selbst wenn sie in der Auswahlliste im vorigen Schritt gar nicht auftauchen. Möchten Sie beispielsweise künftig das Online-Lexikon Wikipedia durch Eingaben in die Adressleiste zu Rate ziehen, gehen Sie so vor: Wiederholen Sie die Schritte 1 und 2 dieser Anleitung, und klicken Sie dann auf die Schaltfläche ●.

5 Daraufhin werden alle verfügbaren Suchmaschinen und Datenbanken angezeigt. Im oberen Bereich sind es die Standardvorschläge von Chrome: ●. Im unteren Bereich ●

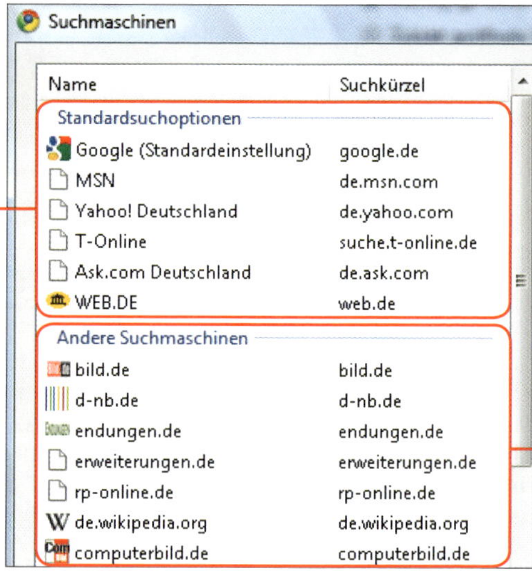

sind dagegen ganz individuell diejenigen aufgelistet, die Sie persönlich genutzt haben und die Google sich gemerkt hat. Klicken Sie hier auf den Eintrag ●,

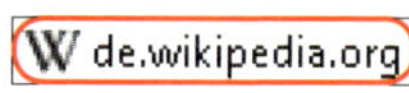

um ihn zu markieren ●,

und anschließend auf die Schaltfläche ●.

Falls Sie den benötigten Suchhelfer in der Auflistung nicht finden sollten, können Sie ihn manuell hinzufügen. Wie das geht, erfahren Sie im Abschnitt auf Seite 60.

6 Der Wikipedia-Eintrag rutscht nun in den oberen Bereich und ist dort auch gleich als Standard gekennzeichnet: ●.

Da Sie das Verwaltungsfenster jetzt nicht mehr benötigen, können Sie auf

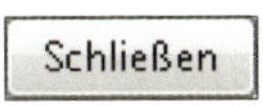

klicken. Ebenso schließen Sie das Optionen-Fenster.

7 Probieren Sie die Abfrage am besten gleich einmal aus: Tippen Sie einen Begriff, der Sie interessiert, in die Adressleiste, beispielsweise ●,

und drücken Sie danach zur Bestätigung die Taste ↵. Schon erscheint der entsprechende Wikipedia-Artikel.

! Gezielt auf das Verwaltungsfenster zugreifen

Sie können das Verwaltungsfenster der Suchmaschinen und Datenbanken (siehe Schritt 5) auch öffnen, wenn Sie mit der rechten (!) Maustaste in die Adressleiste klicken und dann im aufklappenden Kontextmenü den Befehl

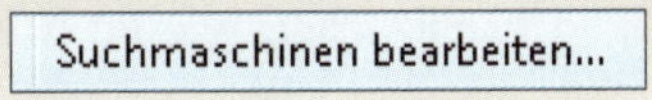

wählen.

Blitzschnell suchen mit Suchkürzeln

Die Nutzung der Standardsuchmaschine ist bei Chrome denkbar einfach und bequem. Aber was, wenn Sie nicht nur eine, sondern oft mehrere Suchmaschinen oder Datenbanken benötigen? Auch dafür gibt es eine einfache Lösung, mit der Sie ruck, zuck Suchanfragen durchführen können. Der Trick: Sie müssen den Suchbegriffen nur ein Kürzel voransetzen. Dieses Suchkürzel können Sie selbst festlegen. Und so funktioniert's, wenn Sie künftig zum Beispiel die Internetseiten von COMPUTER BILD ganz schnell durchsuchen wollen:

1 Rufen Sie zunächst die Suchmaschinen-Übersicht auf, wie im letzten Abschnitt gezeigt. Links sehen Sie die Namen der Suchhelfer, in der rechten Spalte

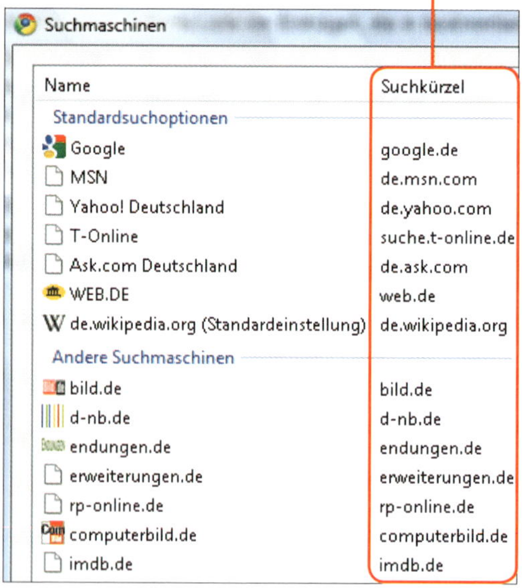

die automatisch von Chrome festgelegten Suchkürzel. In der Regel handelt es sich hierbei zunächst um die Internetadressen. Diese Suchkürzel können Sie ändern, wie Sie gleich sehen werden. Und wie Sie damit Suchanfragen durchführen, erfahren Sie in Schritt 4.

2 Zunächst weisen Sie der COMPUTER BILD-Abfrage ein kürzeres und eingängigeres Suchkürzel zu. Markieren Sie dazu den Eintrag

in der linken Spalte, und klicken Sie anschließend auf die Schaltfläche .

3 Sowohl den Namen der Suchmaschine als auch das Suchkürzel

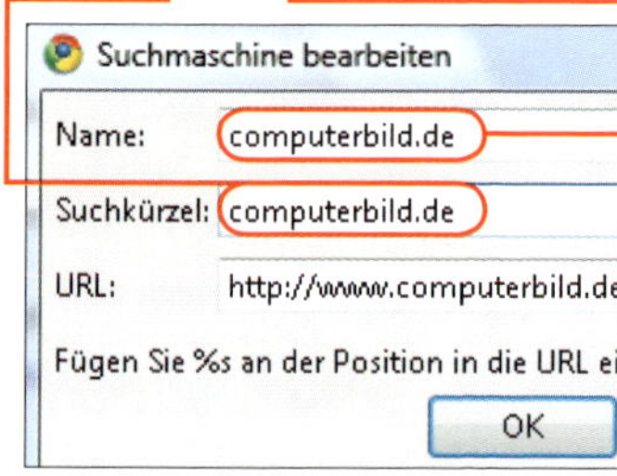

können Sie verändern. Was es mit der Adresse im dritten Feld auf sich hat, erfahren Sie im nächsten Abschnitt.

Tragen Sie also einfach den kurzen und gut zu merkenden Ausdruck ●

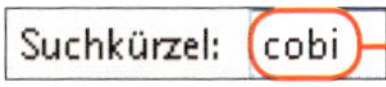

als Kürzel ein, und klicken Sie dann zur Bestätigung auf

und in der Übersichtsseite auf

.

4 Und so verwenden Sie das Suchkürzel künftig: Wenn Sie die Seiten von COMPUTER BILD durchsuchen möchten, tippen Sie zunächst das dazugehörige Kürzel in die Adressleiste ein: ●.

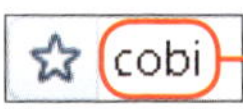

Damit signalisieren Sie Chrome, dass Sie die COMPUTER BILD-Suche anwenden wollen. Der Aufforderung rechts in der Adressleiste ●

brauchen Sie in diesem Fall *nicht* zu folgen. Tippen Sie stattdessen einfach ein Leerzeichen und Ihren Suchbegriff ein, etwa ●. Bereits nach dem ersten Buchstaben erscheint in der Adresszeile der Hinweis ●.

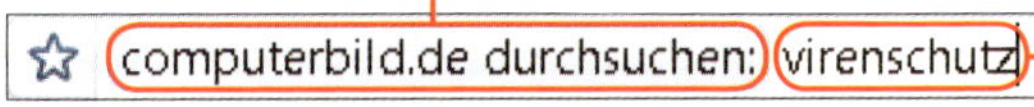

Sie brauchen nur noch zur Bestätigung die Taste ↵ zu drücken. Schon wird die Ergebnisseite angezeigt.

Auch hierbei gilt: In der Praxis können Sie Ihre Suchanfrage in einem Rutsch formulieren und brauchen nicht nach jedem Schritt zu stoppen.

Eine Suchmaschine manuell hinzufügen

In den allermeisten Fällen erkennt Chrome Suchmaschinen, die Sie verwenden, automatisch und merkt sie sich. Sollte das einmal nicht klappen, können Sie das per Handarbeit selbst erledigen. Ein Beispiel: Unter der Adresse **www.filmgalerie.com** finden Sie eine Filmdatenbank. Diese soll künftig mithilfe des

Suchkürzels „film" abgefragt werden. Da Chrome die Datenbank noch nicht gelistet hat, müssen Sie selbst Hand anlegen.

1 Rufen Sie die Seite auf, und klicken Sie sich bis zur Film-Titelsuche durch. Tippen Sie dort einen beliebigen Titel ein, beispielsweise ●, und klicken Sie anschließend zur Bestätigung auf die Schaltfläche ●.

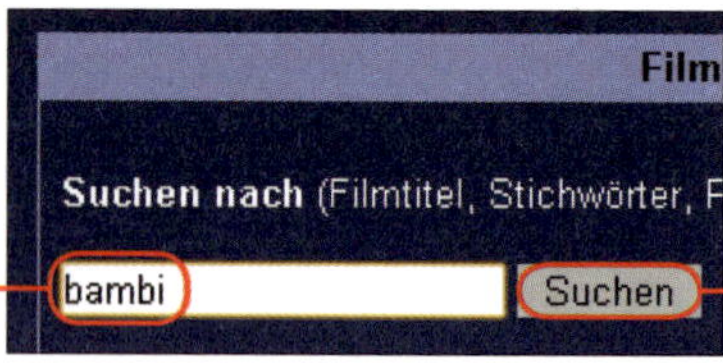

2 Klicken Sie nun in die Chrome-Adressleiste, um die Internetadresse der Ergebnisseite zu markieren.

Danach klicken Sie erneut, dieses Mal aber mit der rechten (!) Maustaste, in die Markierung und dann im Kontextmenü auf den Befehl

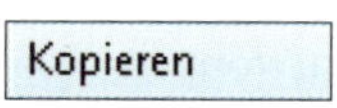

.

Die Adresse der Ergebnisseite befindet sich jetzt in der Zwischenablage. Diese benötigen Sie nämlich gleich.

3 Rufen Sie als Nächstes die Übersicht der Suchmaschinen und Datenbanken auf, etwa indem Sie mit der rechten (!) Maustaste in die Adressleiste klicken und dann den Eintrag

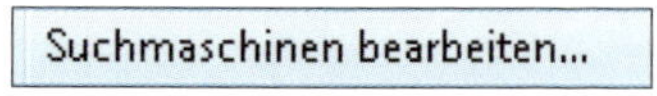

wählen. Im nachfolgenden Fenster klicken Sie rechts auf die Schaltfläche

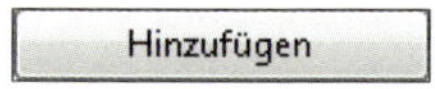

.

4 Tippen Sie in der Erfassungsmaske, die sich daraufhin öffnet, eine Bezeichnung ● und das Kürzel ein, das Sie verwenden möchten, etwa ●.

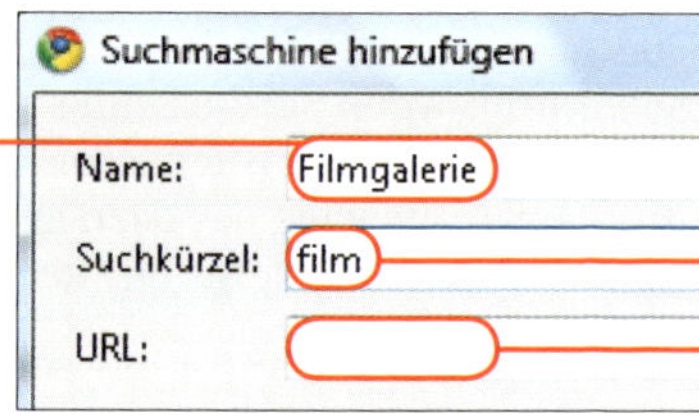

Danach klicken Sie mit der rechten (!) Maustaste in das Feld ● und im dann aufklappenden Kontextmenü auf den Befehl ●.

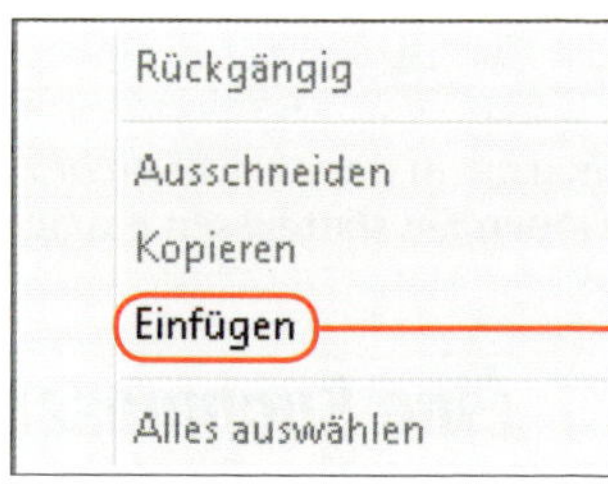

Dadurch fügen Sie die Adresse, die Sie sich in den Schritten 1 und 2 dieser Anleitung besorgt haben, aus der Zwischenablage ein.

5 In dieser Adresse ersetzen Sie jetzt den Suchbegriff, den Sie verwendet haben ●,

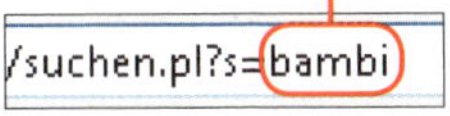

durch Platzhalterzeichen, und zwar das Prozentzeichen, gefolgt von dem Buchstaben s. Das Feld sieht danach so aus: ●.

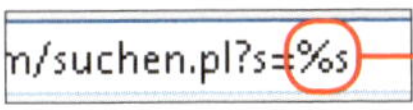

Anschließend klicken Sie zur Bestätigung auf die Schaltfläche

und im nach wie vor geöffneten Übersichtsfenster auf

.

6 Von nun an können Sie die Filmdatenbank mithilfe des Suchkürzels abfragen, ohne die Seiten aufrufen zu müssen. Tippen Sie einfach das Kürzel und ein Leerzeichen ein, also ●,

und dann den Film, den Sie suchen, etwa ●. Das Suchkürzel verwandelt sich wieder automatisch in den Hinweis ●.

Sobald Sie zur Bestätigung die Taste ↵ drücken, wird die Ergebnisseite angezeigt.

Auf Internetseiten suchen

Auch auf Internetseiten selbst können Sie nach Begriffen durchsuchen. Gerade bei umfangreichen Artikeln oder langen Listen ist das sehr praktisch.

1 Um die Suchfunktion zu aktivieren, klicken Sie als Erstes rechts neben der Adressleiste auf das Symbol

und anschließend auf den Befehl.

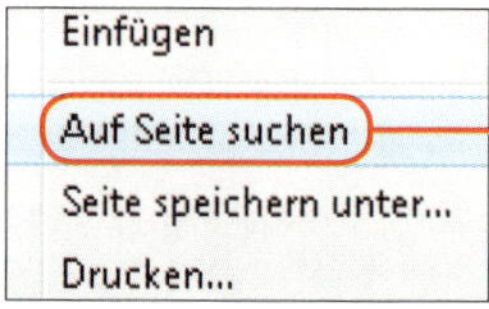

Unterhalb der Adressleiste wird daraufhin ein Suchfeld eingeblendet: .

2 Tippen Sie dort einfach den Begriff ein, nach dem Sie auf der aktuellen Seite gerade suchen, beispielsweise .

Die Fundstellen im Text werden sofort farbig hervorgehoben.

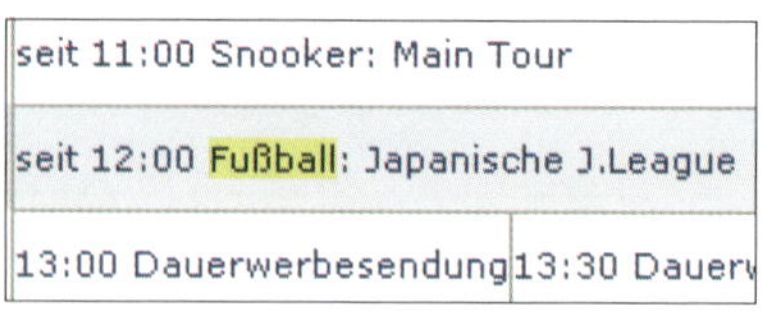

3 Rechts im Suchfeld können Sie ablesen, wie häufig Chrome das Wort gefunden hat, hier . Mithilfe der Pfeilsymbole daneben

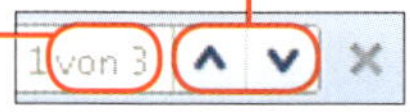

bewegen Sie sich zwischen den Fundstellen hin und her. Benötigen Sie das Suchfeld nicht mehr, klicken Sie einfach auf

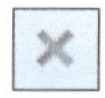,

um es zu schließen.

Chrome zeigt die Verteilung der Treffer

Wenn eine Internetseite so lang ist, dass sie sich nicht komplett auf dem Bildschirm anzeigen lässt, erscheint im Chrome-Programmfenster eine Bildlaufleiste. Darauf wiederum tauchen bei einer Suche gelbe Querstriche auf, im Beispiel hier .

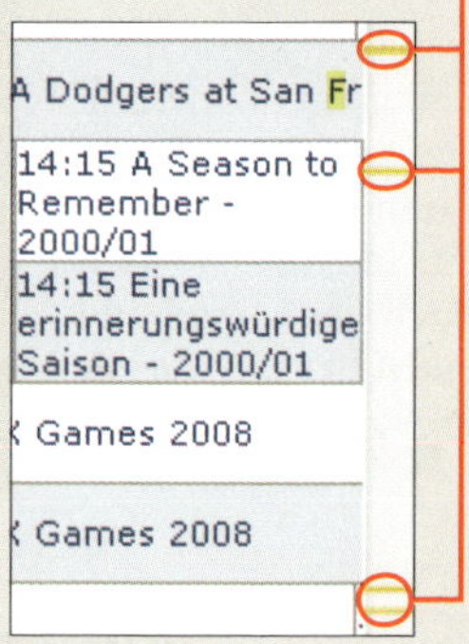

Damit signalisiert Ihnen Chrome, dass sich an dieser Seitenposition weitere Fundstellen befinden.

4 Die Suche funktioniert als sogenannte Volltextsuche. Das bedeutet, dass jedes Vorkommen der Zeichenfolge im Text als Treffer gewertet wird, egal ob es sich um ein ganzes Wort handelt oder nicht. Zudem beginnt die Suche, sobald Sie den ersten Buchstaben eintippen. Im Beispielfall werden also bereits nach Eingabe des Buchstabens ●

26 Treffer gelistet: ●.

Je mehr Buchstaben Sie eintippen, desto weniger Treffer gibt es logischerweise.

5 Falls Chrome die gesuchte Zeichenfolge auf der ganzen geladenen Internetseite überhaupt nicht finden sollte, erscheint rechts im Feld ein roter Hinweis: ●.

6 Sie können die Suche auf einer Seite auch durchführen, ohne die Finger von der Tastatur zu nehmen. Wenn Sie die Tastenkombination [Strg] und [F] drücken, erscheint das Suchfeld. Die Einfügemarke befindet sich gleich darin, sodass Sie sofort lostippen können. Um sich die nächste Fundstelle anzeigen zu lassen, drücken Sie die Taste [↵]. Halten Sie die Taste [⇧] gedrückt und drücken dabei die Taste [↵], springen Sie zur vorigen Fundstelle zurück. Selbst wenn Sie einen anderen Suchbegriff eingeben wollen, brauchen Sie die Finger nicht von der Tastatur zu nehmen. Drücken Sie nämlich die Taste [F3], wird der bisherige Suchbegriff im Suchfeld markiert, und Sie können ihn einfach überschreiben.

5 Bequem auf Lieblingsseiten zugreifen

Alle gängigen Browser-Programme ermöglichen es Ihnen, Verweise zu Ihren Lieblingsseiten zu speichern. Im Internet Explorer heißen diese Verweise Favoriten, bei anderen Programmen Bookmarks oder - wie bei Chrome - Lesezeichen. Von Anfang an sollten Sie darauf achten, Ihre Lesezeichensammlung zu pflegen. So empfiehlt es sich, besonders wichtige Verweise auf der Lesezeichenleiste abzulegen, um die dazugehörigen Seiten per Mausklick aufrufen zu können. Die anderen speichern Sie in einer gut durchdachten Ordnerstruktur. Mithilfe des Lesezeichen-Managers können Sie diese Struktur aus Ordnern und Unterordnern im Nu einrichten.

Im fünften Kapitel dieses Buches erfahren Sie,

- wie Sie Lesezeichen erfassen und bearbeiten,
- wie Sie Ihre Lesezeichensammlung organisieren,
- wie Sie Lesezeichen im aktuellen oder in einem neuen Register, ja sogar in einem neuen Fenster öffnen,
- wie Sie ein bestimmtes Lesezeichen finden
- und wie Sie bestehende Lesezeichensammlungen übernehmen oder auch weitergeben.

Kapitel-Wegweiser

Die Lesezeichenleiste nutzen

Unterhalb der Navigationsleiste befindet sich eine Leiste, in der Sie Ihre Lesezeichen ablegen können: ●.

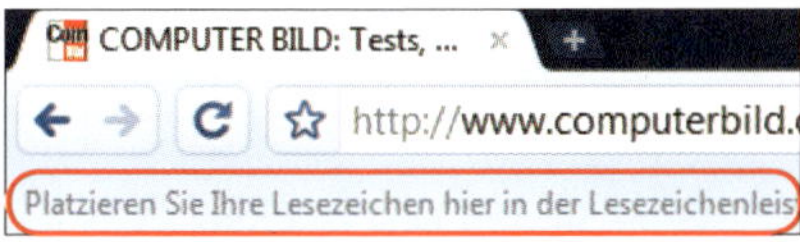

1 Beim Öffnen eines neuen Registers und damit auch beim Programmstart ist diese Lesezeichenleiste immer zu sehen. Wenn Sie beim Surfen jedoch mehr Platz benötigen, können Sie sie ausblenden. Drücken Sie dazu einfach die **Tastenkombination** Strg und B. Mit derselben Kombination können Sie die Lesezeichenleiste auf Wunsch auch wieder einblenden. Oder Sie klicken auf das Schraubenschlüsselsymbol

und anschließend auf den Befehl ●.

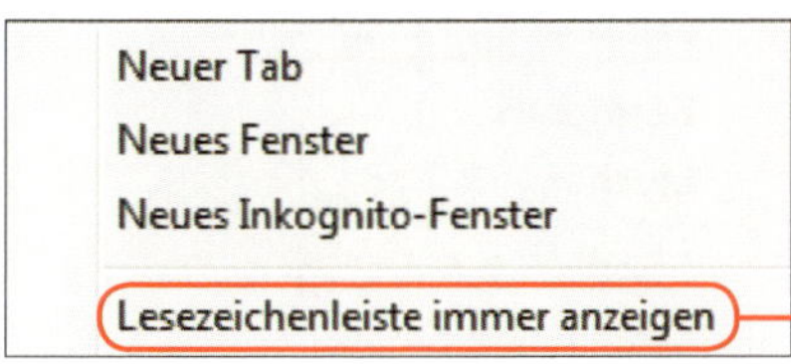

2 Ein Lesezeichen anzulegen, geht bei Chrome denkbar schnell und einfach. Angenommen, Sie befinden sich auf einer Seite, die Sie später wieder ansehen möchten und zu der Sie deshalb einen Verweis speichern wollen. Im Beispiel handelt es sich um die Startseite des Internetauftritts der Zeitschrift COMPUTER BILD.

Klicken Sie links neben der Adressleiste auf das Sternsymbol ●,

oder drücken Sie die Tastenkombination Strg und D.

3 Daraufhin klappt ein kleines Dialogfenster auf. Der Namensvorschlag für das Lesezeichen ist bereits **markiert**: ●.

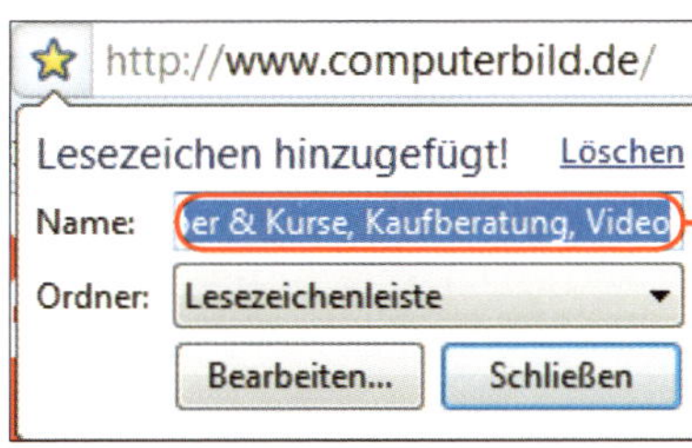

Meist ist dieser Vorschlag sehr lang. Es ist daher sinnvoll, ihn mit einer kurzen und prägnanten Bezeichnung zu überschreiben, im Beispielfall etwa mit ●. Dann klicken Sie auf ●.

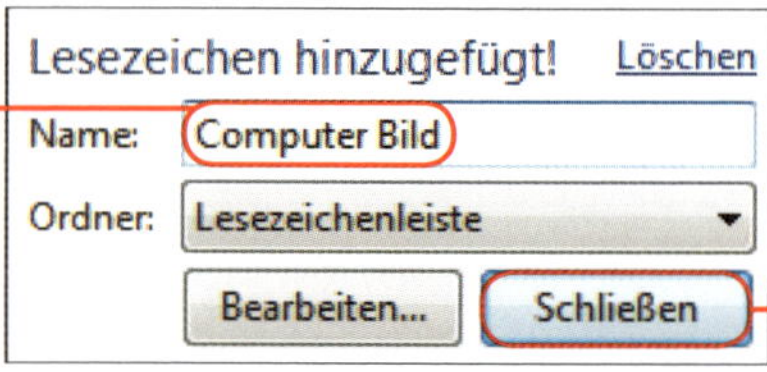

In der Lesezeichenleiste taucht daraufhin der entsprechende Verweis zu den COMPUTER BILD-Seiten auf: ●.

4 Rufen Sie jetzt eine beliebige andere Internetseite auf. Sobald Sie nun auf das Lesezeichen klicken, hier ●,

wechseln Sie wieder zur entsprechenden Seite, im Beispiel also zur COMPUTER BILD-Seite. Wenn Sie sich auf einer Seite befinden, die Sie bereits als Lesezeichen gespeichert haben, erscheint das Sternsymbol übrigens gelb: ●.

5 Wenn Sie ein Lesezeichen aufrufen möchten, brauchen Sie die aktuell angezeigte Seite aber gar nicht zu verlassen. Klicken Sie nämlich mit der rechten (!) Maustaste auf das Lesezeichen,

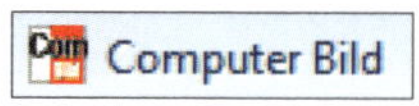

öffnet sich ein Kontextmenü. Per Mausklick können Sie das Lesezeichen dann auch in einem neuen Fenster oder in einem neuen Register öffnen: ●. Was es mit dem Öffnen in einem „Inkognito-Fenster" ● auf sich hat, erfahren Sie im Kapitel 6 auf Seite 99 f.

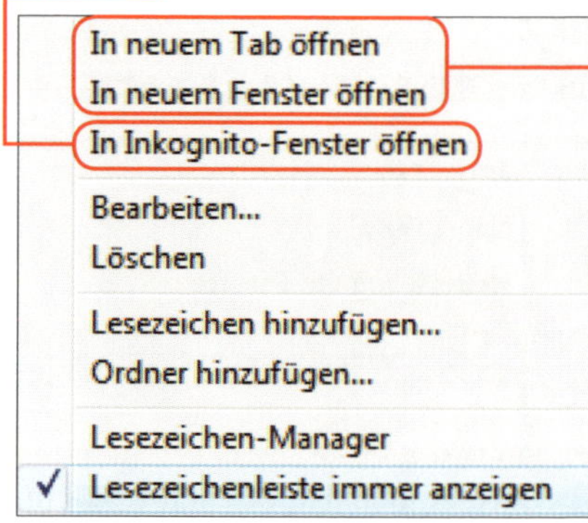

6 Beim Programmstart oder wenn Sie ein neues leeres Register öffnen, werden am rechten Rand Ihre zuletzt gespeicherten Lesezeichen angezeigt. Per Mausklick auf den entsprechenden Eintrag, beispielsweise ●,

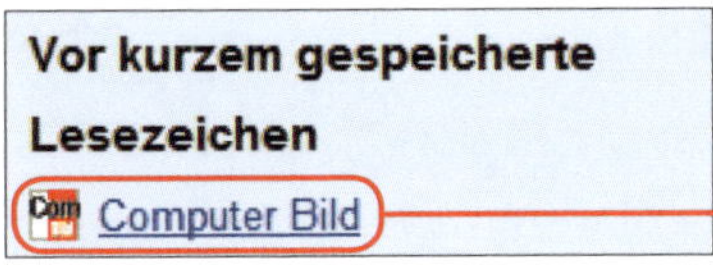

können Sie die Seite in *diesem* Register aufrufen. Oder Sie klicken mit der rechten (!) Maustaste auf das Lesezeichen und dann auf einen der Einträge ●.

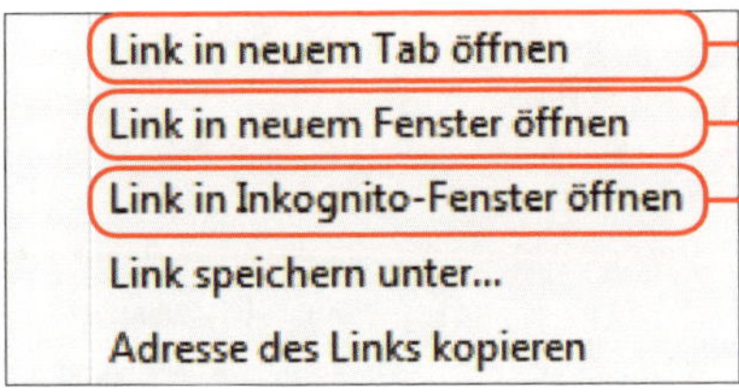

7 Mit der beschriebenen Methode können Sie beliebig viele weitere Lesezeichen anlegen. Sollten nicht mehr alle auf die Leiste passen, erscheint rechts ein Doppelpfeil: ●.

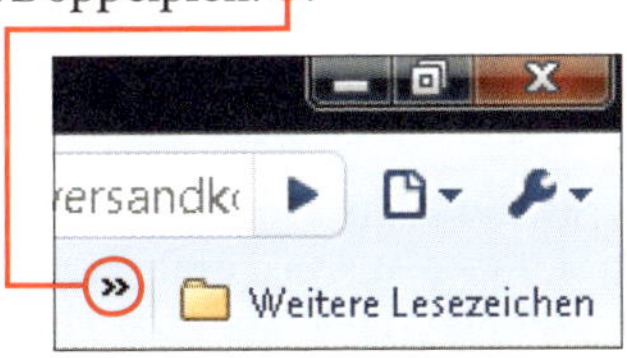

Klicken Sie darauf, klappt eine Liste mit den nicht auf der Lesezeichenleiste sichtbaren Einträgen auf.

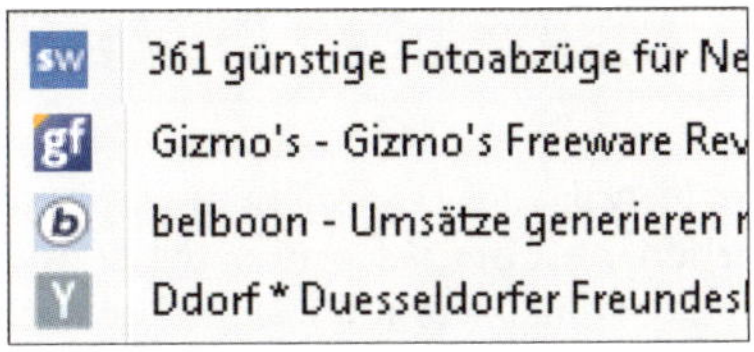

Mit einem Mausklick auf einen Eintrag wird die betreffende Seite im aktuellen Register aufgerufen. Nach einem Rechtsklick öffnet sich dagegen wieder das bekannte Kontextmenü, das Ihnen das Öffnen in einem neuen Fenster oder einem neuen Register ermöglicht.

8 Mithilfe der Ziehtechnik können Sie Lesezeichen ganz leicht an eine neue Position auf der Leiste verschieben. Im Beispiel soll das Kostenlos.de-Lesezeichen eine Position nach links verschoben werden. Klicken Sie also auf ●,

halten Sie die Maustaste gedrückt, und führen Sie mit weiterhin gedrückter Maustaste eine Ziehbewegung nach links aus. Der Mauszeiger verändert dabei seine Form. Zudem erscheint ein senkrechter Strich: ●.

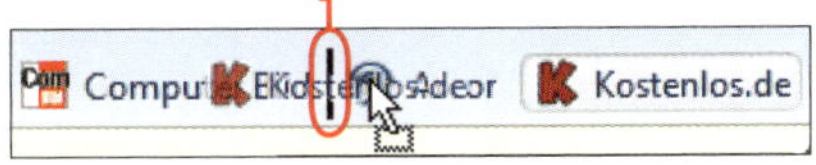

Befindet sich dieser Strich an der gewünschten Position, lassen Sie den Mauszeiger los. Schon ist das Lesezeichen wunschgemäß positioniert.

Lesezeichen in einem Ordner zusammenfassen

Der Platz auf der Lesezeichenleiste ist natürlich beschränkt und wird schnell knapp, selbst wenn Sie kurze Bezeichnungen verwenden. Es bietet sich daher an, verwandte Lesezeichen in Ordnern zusammenzufassen. Das macht die Sammlung generell übersichtlicher und lässt Sie Verweise leichter finden.

1 Stellen Sie sich vor, Sie verfügen über vier **Online**-E-Mail-Konten, zu denen Sie jeweils ein Lesezeichen angelegt haben.

Diese möchten Sie in einem Ordner zusammenfassen. Klicken Sie dazu als Erstes mit der rechten (!) Maustaste auf eine beliebige Stelle in der Lesezeichenleiste. Falls Sie keine freie Stelle finden, können Sie diesen Klick auch auf ein Lesezeichen ausführen, das macht nichts. In jedem Fall öffnet sich ein Kontextmenü, in dem Sie den Befehl ● wählen.

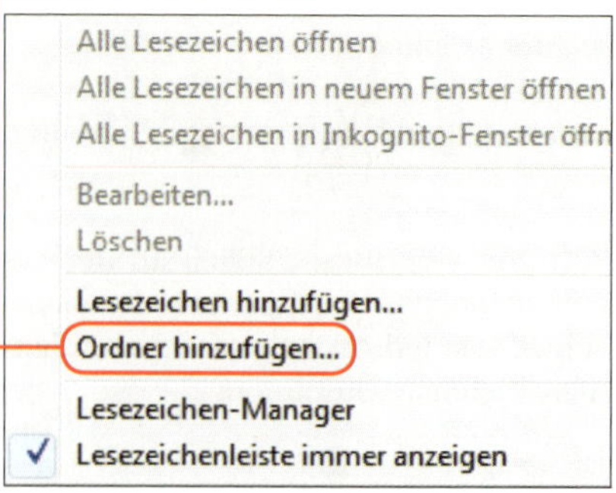

2 Im Dialogfenster, das anschließend erscheint, können Sie den Platzhaltertext ●

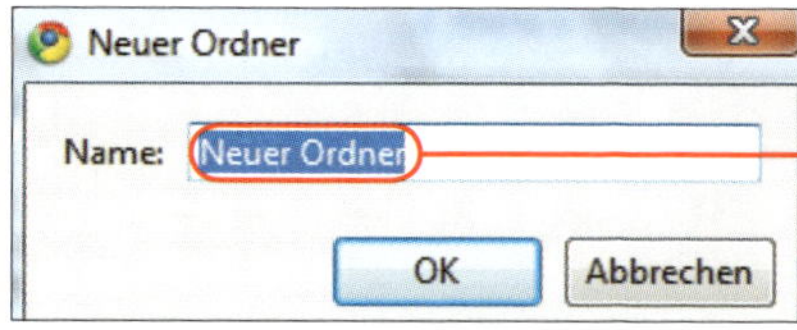

einfach mit einem aussagekräftigen Namen für den Ordner überschreiben, also beispielsweise mit ●. Danach klicken Sie zur Bestätigung auf die Schaltfläche ●.

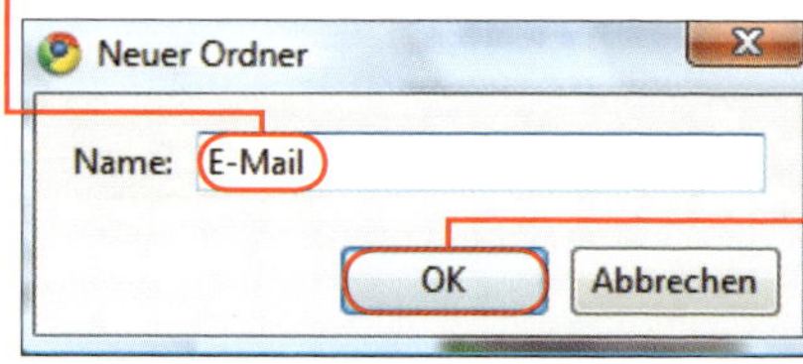

3 Der neue Ordner erscheint daraufhin auf der Lesezeichenleiste: ●. Jetzt können Sie die Lesezeichen einfach in diesen Ordner ziehen. Klicken Sie also zum Beispiel auf ●,

halten Sie die Maustaste gedrückt, und führen Sie den Mauszeiger mit weiterhin gedrückter Maustaste über das Ordnersymbol ●.

Sobald Sie die Maustaste dann loslassen, verschwindet das Web.de-Symbol aus der Lesezeichenleiste.

Genauso verfahren Sie auch mit den anderen Lesezeichen, die auf E-Mail-Konten verweisen, bis alle in den Ordner verschoben sind.

4 Wenn Sie künftig beispielsweise Ihr E-Mail-Konto bei GMX aufsuchen wollen, klicken Sie auf

.

Anschließend werden alle in diesem Ordner gespeicherten Lesezeichen angezeigt. In dieser Liste müssen Sie dann nur noch auf den Eintrag ●

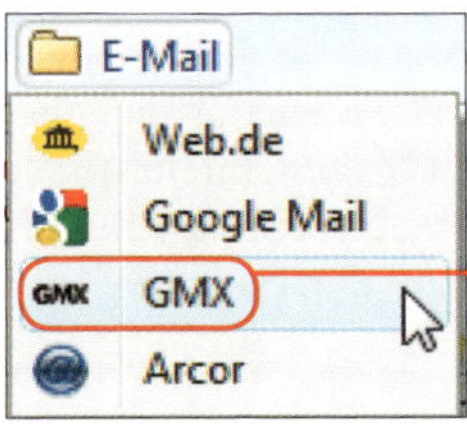

klicken, um die GMX-Seite aufzurufen.

5 Falls Sie die aktuell angezeigte Seite nicht verlassen möchten, klicken Sie statt mit der linken mit der rechten (!) Maustaste auf den GMX-Eintrag. Dadurch öffnen Sie wieder das mittlerweile bekannte Kontextmenü (siehe Schritt 5 auf Seite 68) mit den Befehlen ●.

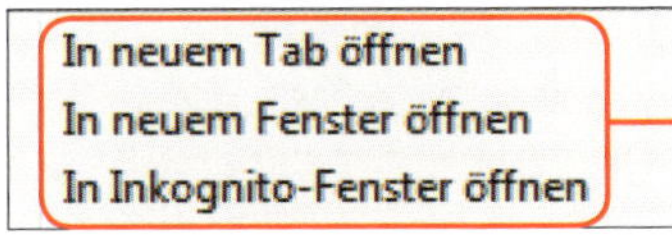

6 Sie können auch *alle* Lesezeichen eines Ordners, im Beispiel also sämtliche Verweise auf E-Mail-Konten, gleichzeitig aufrufen. Klicken Sie dazu mit der rechten (!) Maustaste auf den Ordnereintrag und danach auf ●, wenn die entsprechenden Seiten im aktuellen Fenster geöffnet werden sollen, oder auf ●,

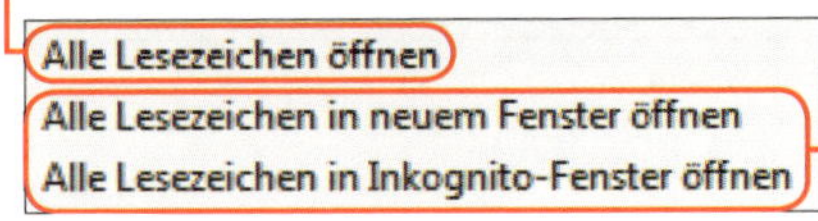

damit sie in einem neuen oder in einem Inkognito-Fenster erscheinen.

7 Ganz nach Bedarf können Sie beliebige weitere Ordner anlegen. Sollten Sie einen nicht mehr benötigen, klicken Sie ihn mit der rechten (!) Maustaste an, etwa ●,

und wählen dann im Kontextmenü den Befehl

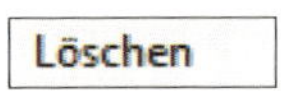

.

Schon ist der Ordner verschwunden. Aber Achtung: Auch alle darin gespeicherten Lesezeichen sind bei dieser Methode dann weg!

Einen Ordner fix umbenennen

Ein Tippfehler ist schnell passiert. Der Ordner

sollte richtig natürlich die Bezeichnung „Film“ tragen. Dieses Malheur ist ruck, zuck korrigiert. Klicken Sie mit der rechten (!) Maustaste auf die Ordnerbezeichnung und dann auf

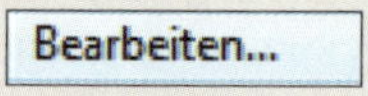

.

Im sich öffnenden Dialogfenster ist der bisherige Ordnername bereits markiert,

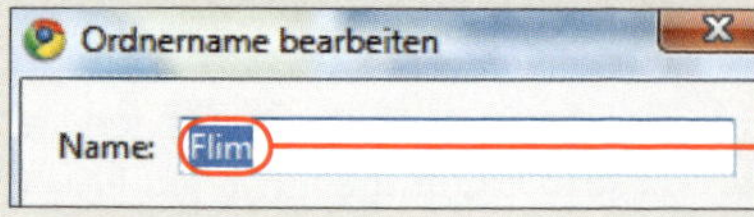

sodass Sie gleich lostippen und die falsche Schreibweise korrigieren können. Zur Bestätigung klicken Sie dann einfach auf die Schaltfläche

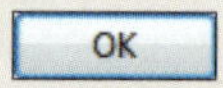

.

Schon ist der Fehler behoben.

Ein Lesezeichen gleich im richtigen Ordner ablegen

Wenn Sie ein Lesezeichen erfassen, können Sie es gleich im richtigen Ordner ablegen.

1 Angenommen, Sie haben noch ein weiteres E-Mail-Konto. Auch den Zugriff auf diesen Dienst wollen Sie als Lesezeichen speichern. Rufen Sie also die Internetseite auf, und klicken Sie dann auf .

2 Im Dialogfenster, das anschließend erscheint, tragen Sie als Erstes den Namen des Lesezeichens ein, beispielsweise . Darunter wird Ihnen gleich der zuletzt verwendete Ordner als Speicherort vorgeschlagen. Im Beispielfall ist dieser Vorschlag nicht zutreffend. Klicken Sie daher auf den Pfeil ,

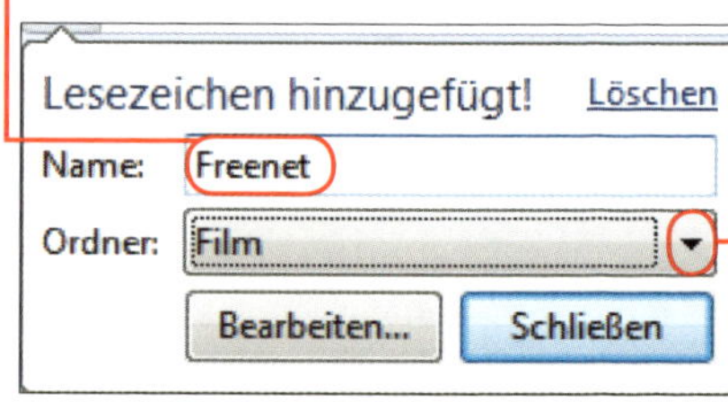

damit eine Auswahlliste mit den möglichen Speicherorten geöffnet wird, und klicken Sie darin auf den Eintrag ●.

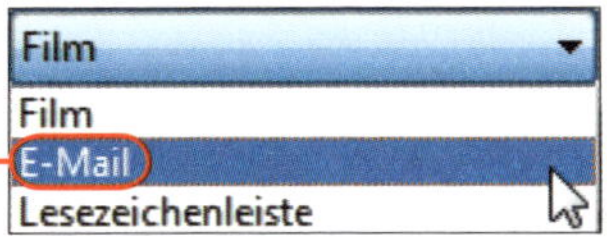

Lesezeichen bearbeiten

Auf Seiten, die Sie als Lesezeichen erfasst haben, erscheint das Sternsymbol gelb: ●.

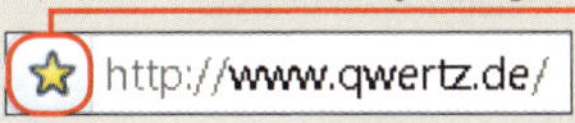

Ein Mausklick darauf öffnet das Erfassungsfenster. Nun können Sie beliebige Änderungen vornehmen, beispielsweise den Namen ändern oder einen anderen Speicherort auswählen. Abschließend brauchen Sie dann nur noch auf ● zu klicken, damit die Änderung übernommen wird. Und falls Sie das Lesezeichen lieber komplett entfernen wollen, klicken Sie einfach auf ●.

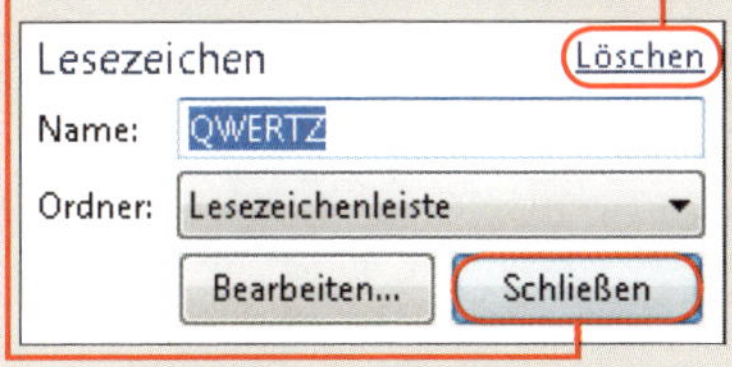

3 Nachdem Sie im vorigen Schritt den richtigen Ordner ausgewählt haben, im Beispiel ●, können Sie direkt auf ●

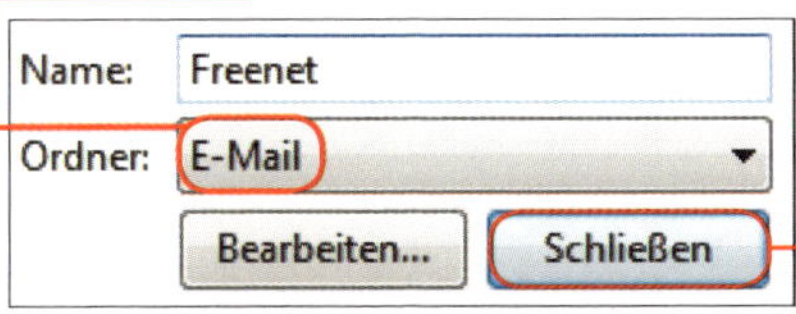

klicken, um das Lesezeichen zu speichern.

4 Künftig können Sie mit je einem Mausklick erst auf ● und anschließend im geöffneten E-Mail-Ordner auf ●

auch auf Ihr Freenet-E-Mail-Konto zugreifen.

Den Sammelordner verwenden

Ganz rechts in der Lesezeichenleiste befindet sich von vornherein ein Ordner „für alles“: ●.

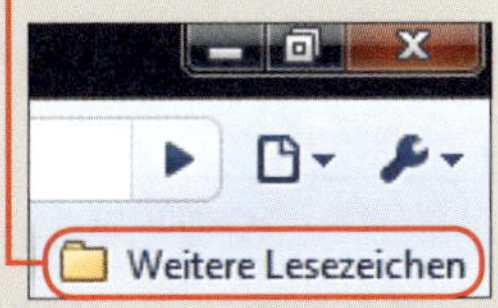

Darin können Sie Lesezeichen sammeln, die Sie noch nicht in einem anderen Ordner unterbringen konnten. Der Ordner lässt sich also als eine Art Zwischenlager nutzen. Sie können ihn übrigens nicht löschen! Der Zugriff auf die Lesezeichen funktioniert aber genauso wie bei den Ordnern, die Sie selbst angelegt haben.

Einen Link direkt als Lesezeichen anlegen

Stellen Sie sich vor, Sie stoßen auf den COMPUTER BILD-Seiten auf einen interessanten Link, haben aber gerade keine Zeit, den Artikel zu lesen. Damit Sie später nicht lange nach dieser Seite suchen müssen, möchten Sie den Link als Lesezeichen speichern, und zwar im Sammelordner „Weitere Lesezeichen". Die naheliegende Vorgehensweise wäre dann: den Link anklicken ●,

um die Seite aufzurufen, dort auf das Sternsymbol ● klicken, den Ordner ●

auswählen und schließlich auf ● klicken. Danach könnten Sie per Klick auf ●

zur vorigen Seite zurückkehren. Ganz schön aufwendig. Mit der Ziehtechnik speichern Sie den Link viel flotter:

1 Klicken Sie auf der entsprechenden COMPUTER BILD-Seite auf den Link, in diesem Beispielfall also auf ●,

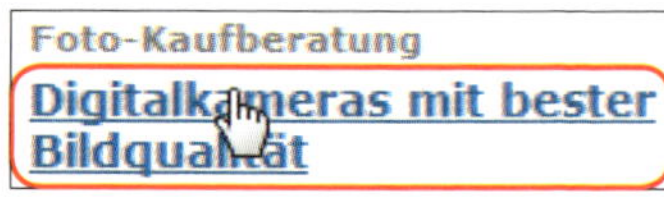

halten Sie die Maustaste gedrückt, und führen Sie dann mit weiterhin gedrückter Maustaste eine Ziehbewegung in Richtung der Lesezeichenleiste aus. Der Mauszeiger nimmt dabei die Form eines Verbotsschildes an: ●.

2 Sobald Sie sich über dem gewünschten Lesezeichenordner befinden, ändert der Mauszeiger erneut seine Form: ●.

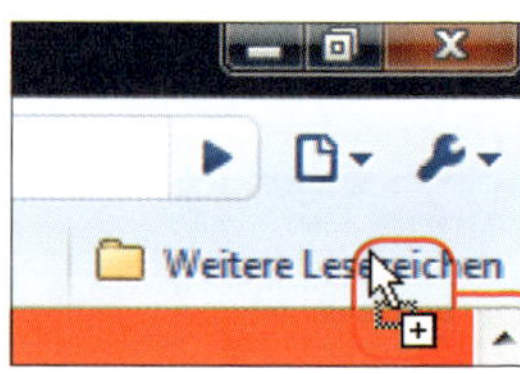

Jetzt können Sie die Maustaste loslassen. Fertig! Wenn Sie den Artikel später aufrufen möchten, genügen Klicks auf ● und auf ●.

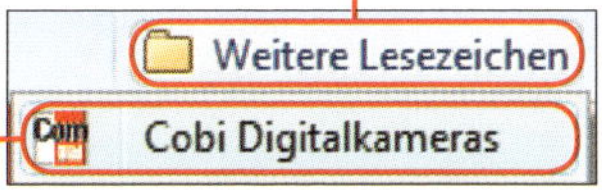

3 Sie können Links nicht nur in einen Ordner ziehen, sondern auch auf die Lesezeichenleiste selbst. Das geht natürlich erheblich schneller als die eingangs beschriebene Klickfolge. Ein senkrechter Strich zeigt Ihnen die Einfügeposition an, etwa ●.

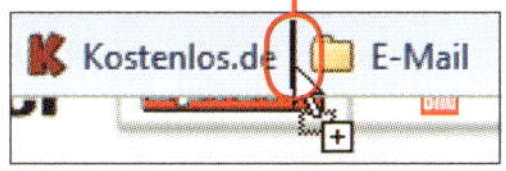

Nach dem Loslassen der Maustaste wird das Lesezeichen dort abgelegt.

Bei dieser Methode ersparen Sie sich sogar den Klick auf das Zurück-Symbol.

Den Lesezeichen-Manager nutzen

Außer über die Lesezeichenleiste gibt es noch eine weitere Möglichkeit, um auf Ihre Lesezeichensammlung zuzugreifen: und zwar über den sogenannten Lesezeichen-Manager. Vor allem bei großen Sammlungen haben Sie in diesem Fenster einen besseren Überblick.

1 Für den Zugriff auf den Lesezeichen-Manager gibt es verschiedene Methoden. Ganz flott geht's mit der Tastenkombination Strg, ⇧ und B (nicht zu verwechseln mit der Tastenkombination Strg und B: Damit blenden Sie die Lesezeichenleiste ein und aus).

2 Alternativ dazu können Sie auch auf das Schraubenschlüsselsymbol

und dann auf den Eintrag ●

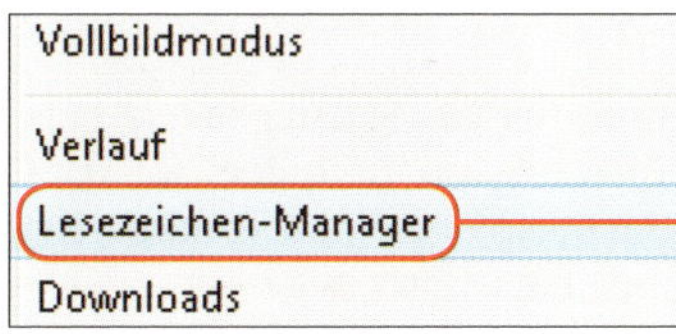

klicken.

3 Die dritte Möglichkeit: Sie klicken mit der rechten (!) Maustaste auf eine beliebige Stelle der Lesezeichenleiste und anschließend – wie üblich wieder mit links – auf ●.

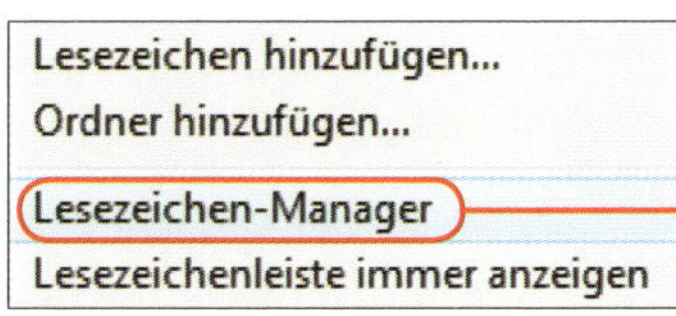

4 Das Fenster des Lesezeichen-Managers können Sie behandeln wie jedes andere Windows-Fenster auch. Es lässt sich also wie gewohnt in der Größe verändern, minimieren oder schließen. Der Lesezeichen-Manger enthält nur zwei Befehls-Schaltflächen und daneben am rechten Fensterrand ein Suchfeld.

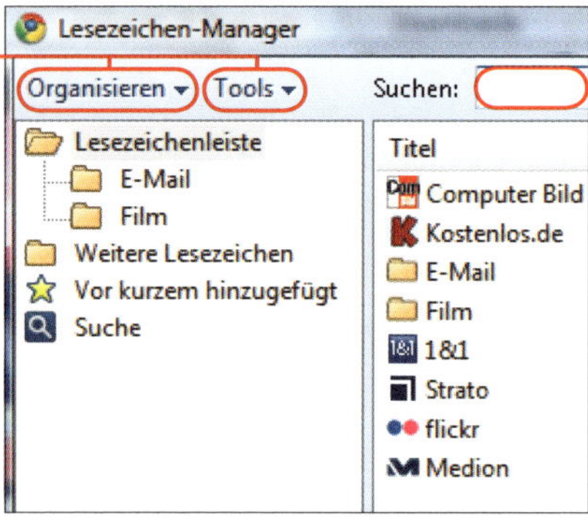

Darunter ist das Fenster zweigeteilt. In der linken Spalte befinden sich die Ordner, im Beispiel. Was es mit den beiden Symbolen darunter

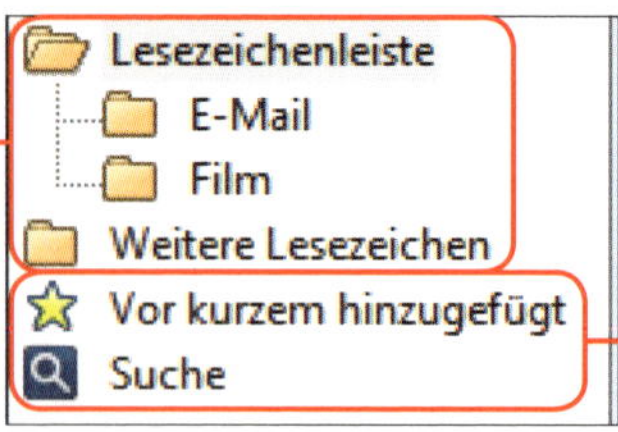

auf sich hat, erfahren Sie später in diesem Kapitel auf Seite 85/86.

5 In der rechten Spalte sehen Sie den jeweiligen Inhalt des Ordners, der links markiert ist. Wenn Sie also zum Beispiel eine Markierung auf gesetzt haben, finden Sie dort die Verweise zu Ihren E-Mail-Konten, und zwar zum einen die Namen der Lesezeichen

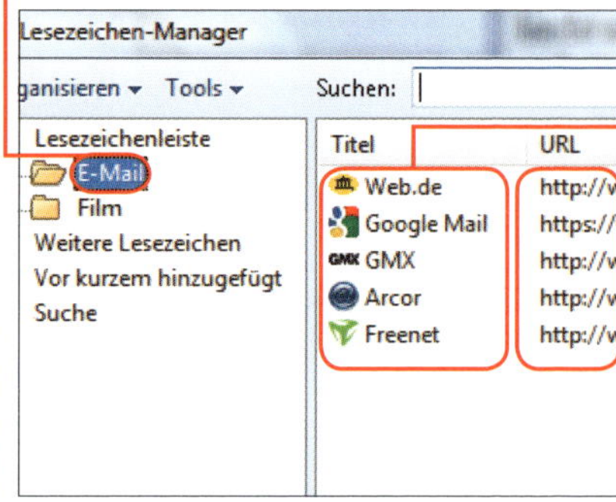

und zum anderen in der Spalte daneben die dazugehörigen Internetadressen.

6 Per **Doppelklick** können Sie ein Lesezeichen öffnen beziehungsweise die dazugehörige Seite aufrufen. Oder Sie klicken das Lesezeichen mit der rechten (!) Maustaste an, um die bekannte Auswahl zu öffnen: . Zudem können Sie über dieses Kontextmenü das Lesezeichen bearbeiten oder löschen: .

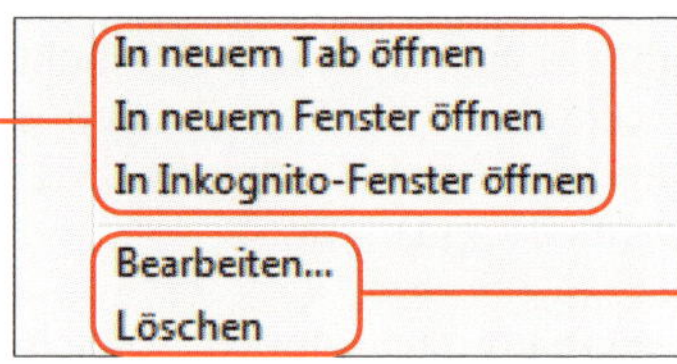

7 Auch das Öffnen eines ganzen Ordners funktioniert aus dem Lesezeichen-Manager heraus. Wenn Sie mit der rechten (!) Maustaste beispielsweise auf

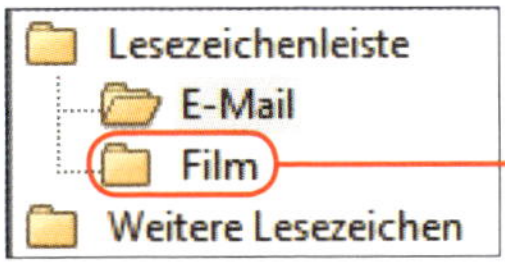

klicken, können Sie sämtliche erfassten Filmseiten auf einen Schlag öffnen:

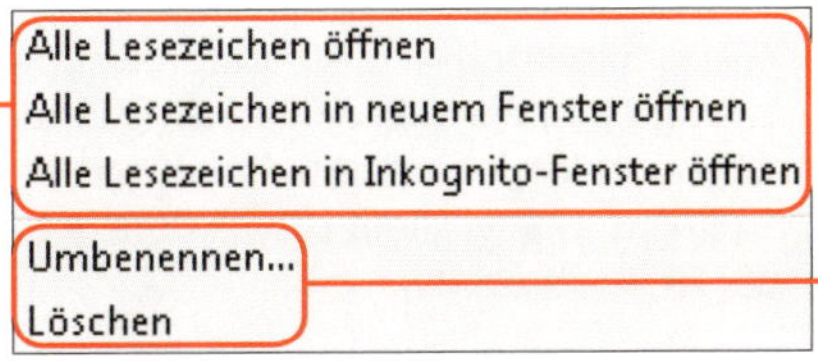

Und das Umbenennen oder Löschen des Ordners ist über dieses Kontextmenü natürlich ebenfalls möglich: .

Ordnung schaffen in der Lesezeichensammlung

Im Internet wimmelt es von interessanten Seiten. Daher wird es sich kaum verhindern lassen, dass Ihre Lesezeichensammlung binnen Kurzem rasant anwächst und unübersichtlich wird. Sie müssen sich also auf größere Aufräumarbeiten einstellen. Ganz besonders gilt dies, wenn Sie eine umfangreiche Sammlung aus einem anderen Browser-Programm übernehmen (siehe dazu den Abschnitt „Lesezeichen importieren" auf Seite 86ff.). Einen solchen Frühjahrsputz in Ihrer Sammlung führen Sie am besten mit dem Lesezeichen-Manager durch. Ausgangspunkt ist exemplarisch folgende Lesezeichensammlung:

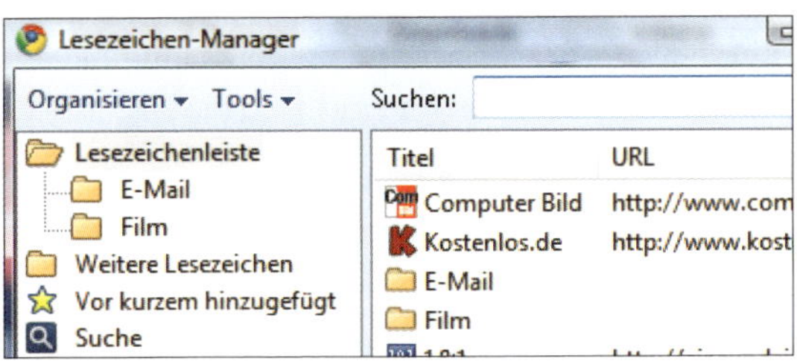

Diese soll so organisiert werden, dass anschließend nur noch drei Lesezeichen direkt auf der Leiste erscheinen

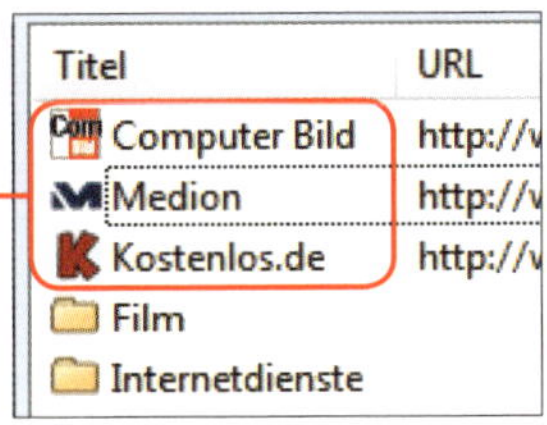

und alle anderen in Ordnern und sogar Unterordnern untergebracht sind.

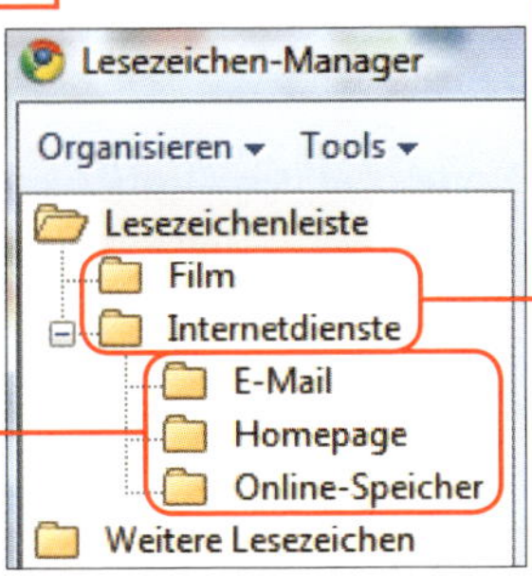

Lesezeichen sortieren

Was zunächst wie eine Herkules-Aufgabe aussieht, ist mit wenigen Mausklicks erledigt.

1 Als Erstes müssen Sie einen neuen Ordner anlegen, in dem künftig Lesezeichen zu Ihren persönlichen Internetauftritten abgespeichert werden. Klicken Sie dazu auf ●,

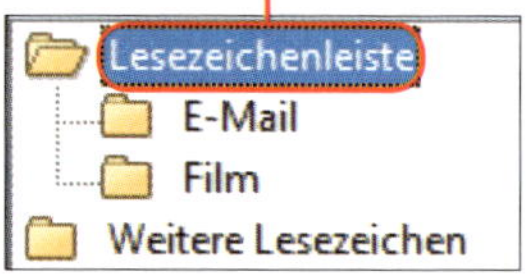

um eine Markierung zu setzen. Dann folgen Mausklicks auf

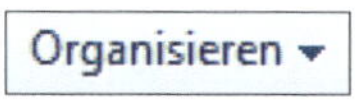

und im aufklappenden Menü auf den Befehl ●.

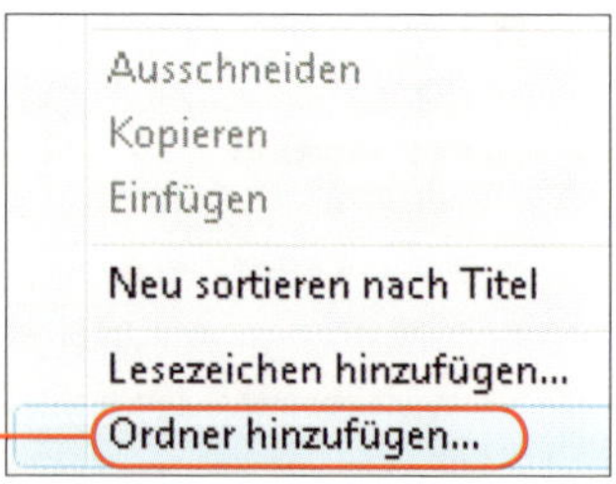

Tippen Sie den Ordnernamen ein, beispielsweise ●, und klicken Sie zur Bestätigung auf die Schaltfläche ●.

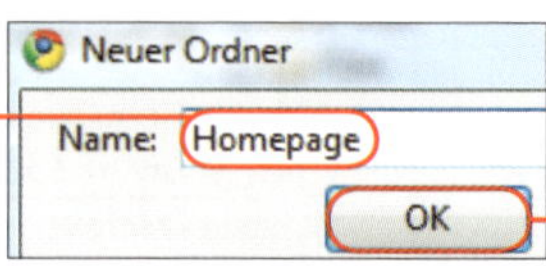

2 Der neu angelegte Ordner wird direkt geöffnet und ist anfangs logischerweise noch leer: ●. Um Lesezeichen einzuordnen, klicken Sie zunächst wieder auf ●.

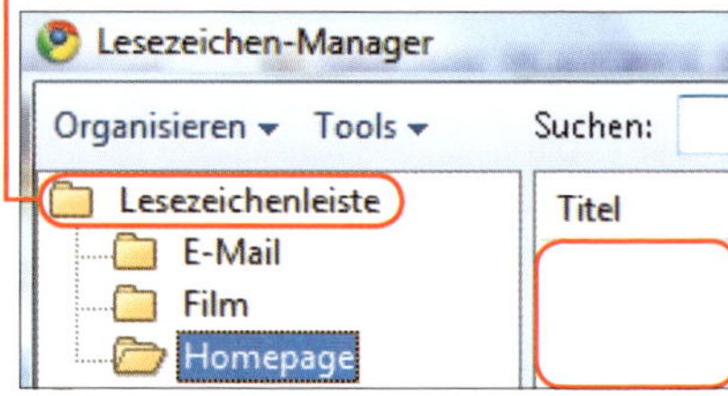

Anschließend klicken Sie im rechten Bereich auf ●, halten die Maustaste gedrückt und führen mit weiterhin gedrückter Maustaste eine Ziehbewegung über ●

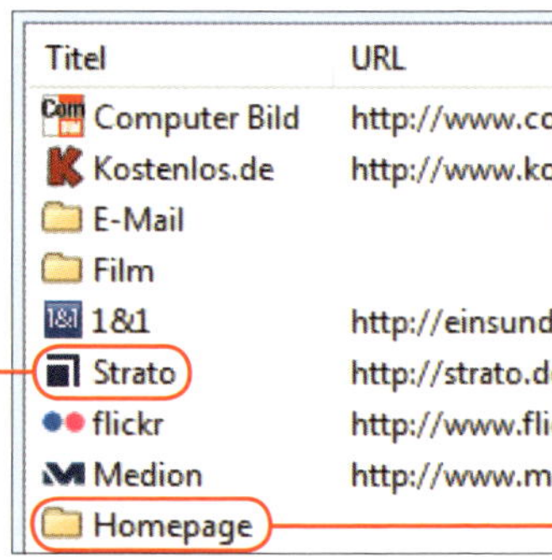

aus. Lassen Sie die Maustaste los, sobald der Mauszeiger diese Form annimmt: ●.

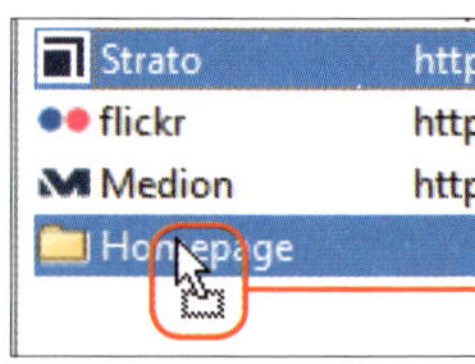

3 Sie können ein Lesezeichen selbstverständlich auch in der linken Spalte in den Ordner ziehen, also beispielsweise ● nach ●.

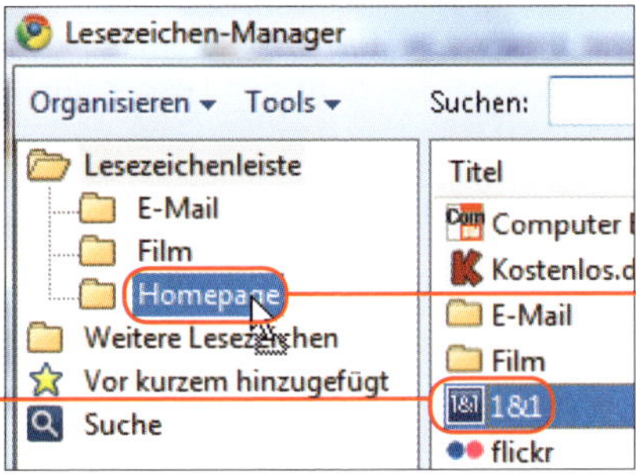

Beide Varianten funktionieren, wovon Sie sich im Beispielfall nach einem Klick auf ● überzeugen können: Rechts sind *beide* soeben einsortierten Lesezeichen zu sehen: ●.

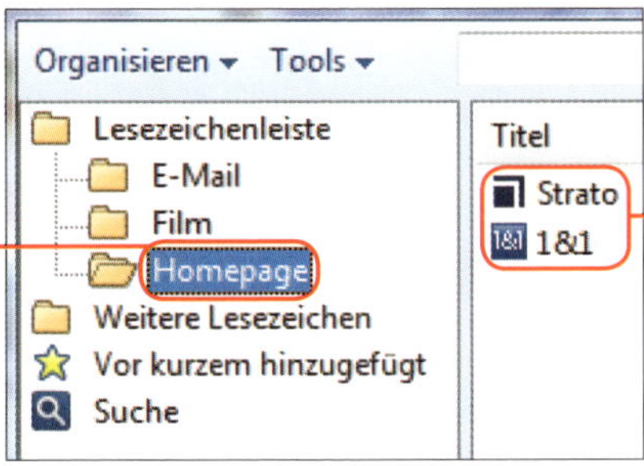

4 Mithilfe von Unterordnern lässt sich Ihre Ordnerstruktur verfeinern. So können Sie beispielsweise die Ordner „E-Mail“ und „Homepage“ in einem Ordner „Internetdienste“ zusammenfassen. Dazu erstellen Sie zunächst, wie im Schritt 1 beschrieben, einen neuen Ordner. Dieser soll „Internetdienste“ heißen: ●.

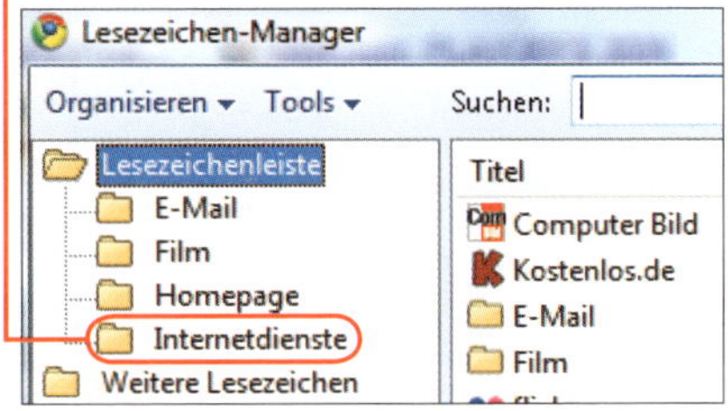

5 Als Nächstes befördern Sie die Ordner „E-Mail“ und „Homepage“ mit der bekannten Ziehmethode in diesen Ordner. Das funktioniert genauso wie bei den Lesezeichen. Klicken Sie also zum Beispiel auf ●, halten Sie die Maustaste gedrückt, und bewegen Sie den Mauszeiger mit weiterhin gedrückter Maustaste über ●.

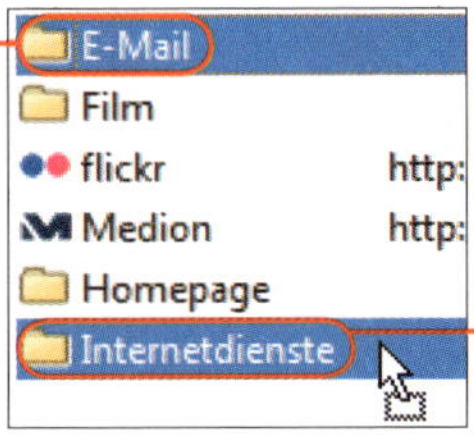

Dort lassen Sie die Taste dann los.

6 Dass ein Ordner Unterordner enthält, erkennen Sie an dem kleinen Plussymbol, etwa hier ●.

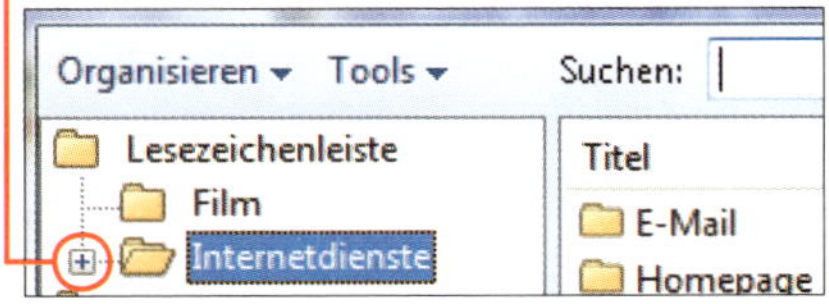

Per Mausklick darauf werden die Unterordner sichtbar, im Beispiel ●.

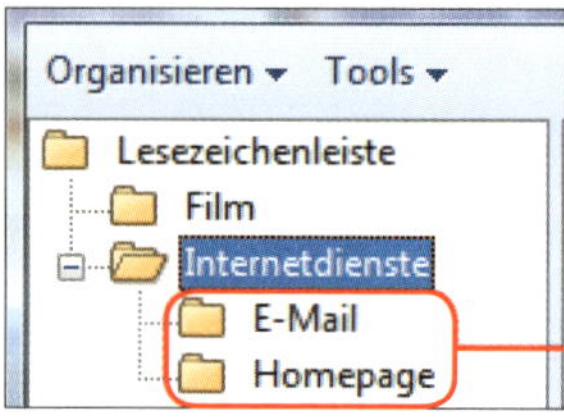

7 Wenn Sie einen Ordner verschieben, bleiben die Lesezeichen darin natürlich gespeichert. Dies können Sie sehen, wenn Sie im Beispiel auf ● klicken. Dann tauchen rechts wieder die einzelnen Lesezeichen auf ●,

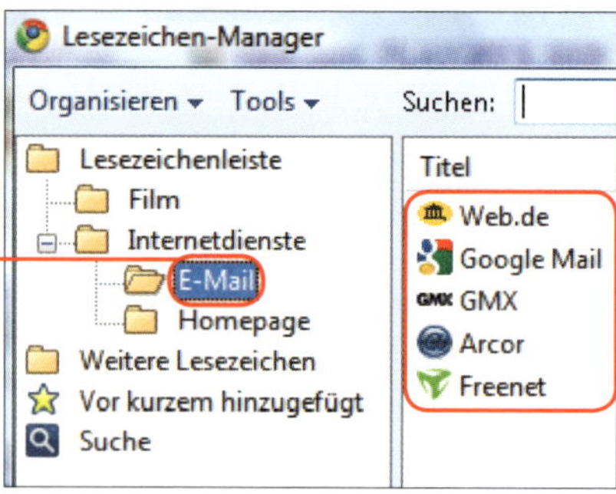

die Sie wie gehabt jeweils per Mausklick aufrufen können.

8 Bei geschlossenem Lesezeichen-Manager greifen Sie folgendermaßen auf Ihre E-Mail-Konten zu: Klicken Sie einfach als Erstes in der Lesezeichenleiste auf

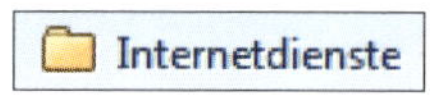

,

danach im geöffneten Internetdienste-Ordner auf den Unterordner ●

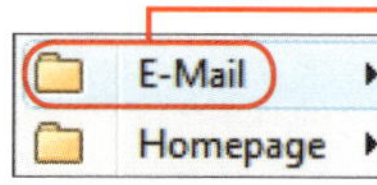

und schließlich im dann aufklappenden E-Mail-Ordner beispielsweise auf das E-Mail-Konto Arcor ●.

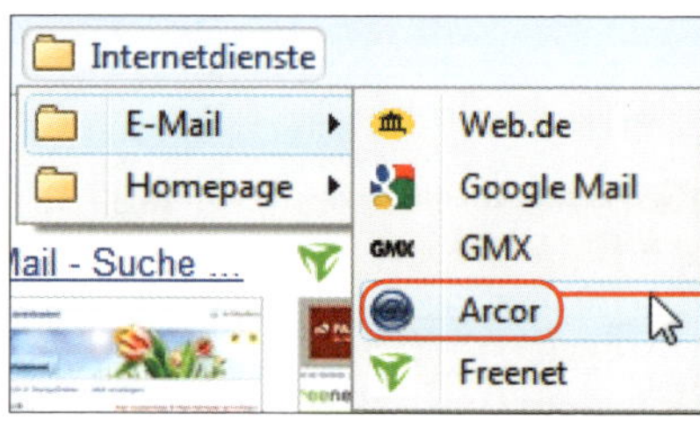

Einen Ordner kopieren

Nutzen Sie Dienste, bei denen es möglich ist, Dateien online zu speichern? Dann ist es für Sie vielleicht interessant zu wissen, dass diesen Service auch einige der E-Mail-Anbieter bieten. Wenn Sie einen Lesezeichenordner für die Speicherdienste anlegen möchten, brauchen Sie die Lesezeichen für die E-Mail-Anbieter nicht noch erneut zu erfassen. Kopieren Sie stattdessen den Ordner, und entfernen Sie danach die überflüssigen Lesezeichen.

1 Klicken Sie als Erstes auf den E-Mail-Ordner, um ihn zu markieren wie in der Abbildung, und anschließend auf die Schaltfläche.

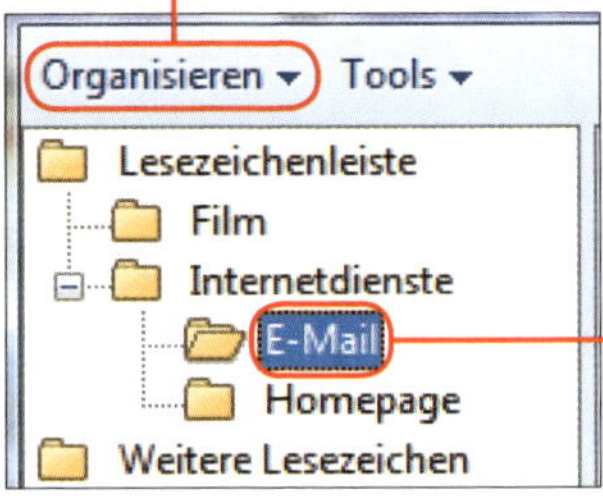

Danach folgt ein Mausklick auf den Befehl.

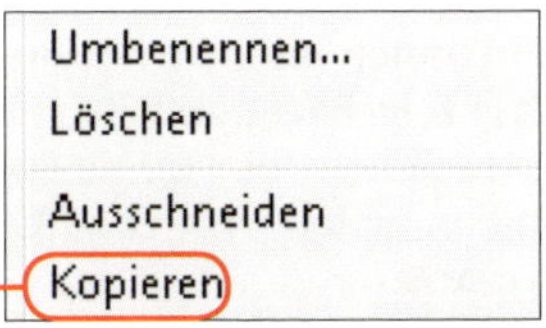

Dadurch kopieren Sie den Ordner samt darin enthaltenen Lesezeichen in die **Zwischenablage**.

2 Als Nächstes bestimmen Sie, wo der neue Ordner eingefügt werden soll. Klicken Sie daher auf, um eine Markierung zu setzen, und anschließend wieder auf.

Sobald Sie nun in der geöffneten Liste auf den Befehl

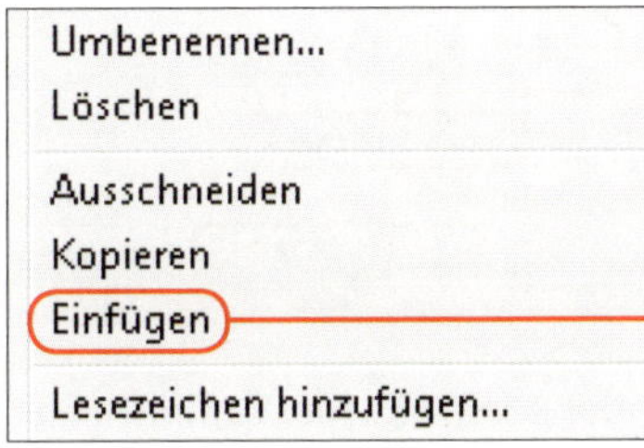

klicken, erscheint der E-Mail-Ordner zweimal:.

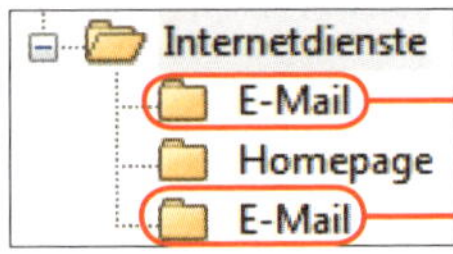

3 Um einen der beiden E-Mail-Ordner umzubenennen, klicken Sie auf und wieder auf.

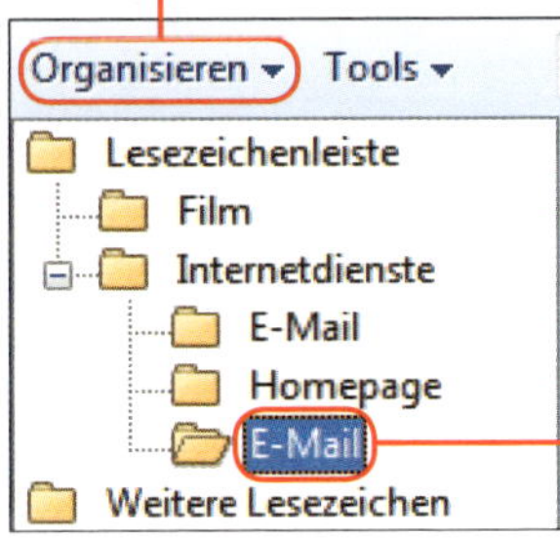

Dieses Mal wählen Sie jedoch den Befehl

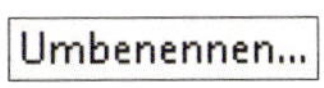

.

Tippen Sie einen anderen Namen ein,

etwa, und klicken Sie zur Bestätigung auf die Schaltfläche.

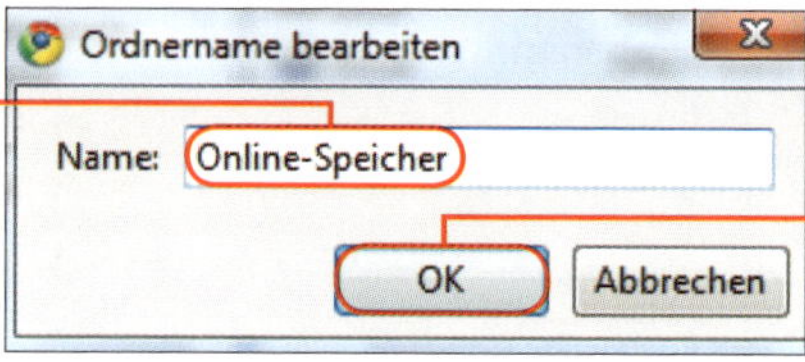

4 Der E-Mail- und der Online-Speicher-Ordner enthalten die identischen Lesezeichen. Da Sie Web.de nicht als Speicherdienst nutzen, können Sie dieses Lesezeichen im entsprechenden Ordner entfernen. Klicken Sie dazu auf und danach auf,

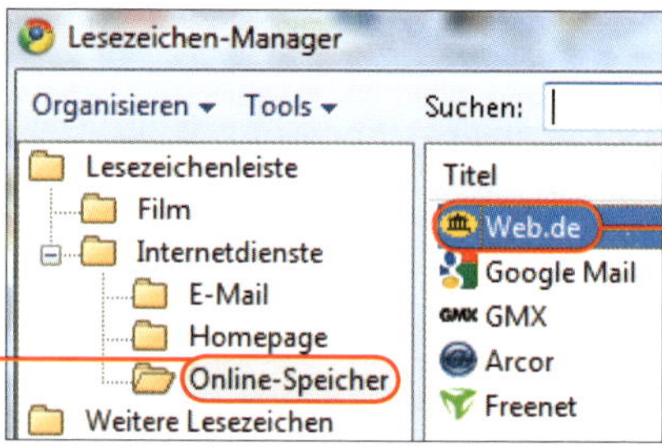

und drücken Sie anschließend einfach die Taste Entf. Das Lesezeichen wird daraufhin entfernt.

Im E-Mail-Ordner ist es aber nach wie vor enthalten, wovon Sie sich nach einem Mausklick auf überzeugen können. Das Lesezeichen, im Beispiel Web.de, taucht dann direkt in der rechten Spalte wieder auf:.

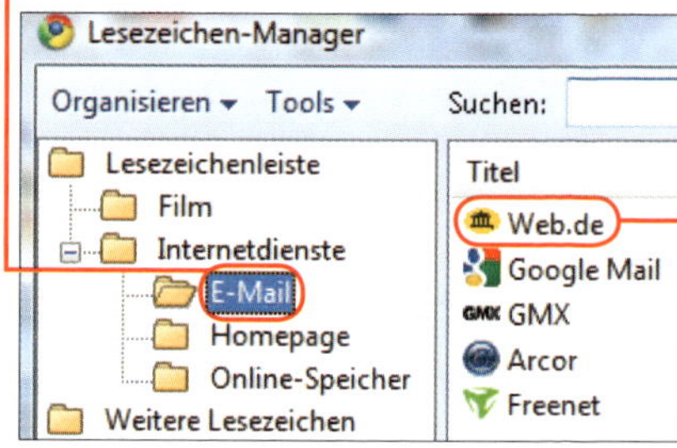

5 Nun können Sie, wie bereits mehrfach gezeigt (siehe zum Beispiel Seite 78), Lesezeichen für Online-Speicherplatz in den neuen Ordner ziehen, beispielsweise.

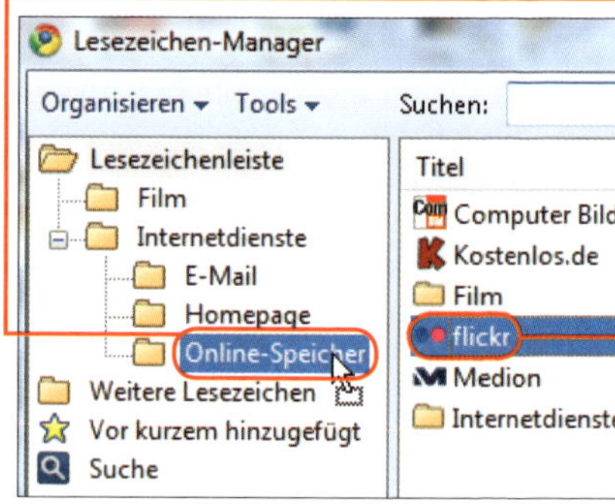

Die Befehle fürs Kopieren, Einfügen und Bearbeiten finden Sie übrigens auch im Kontextmenü, wenn Sie den betreffenden Ordner mit der rechten (!) Maustaste anklicken.

Lesezeichenanordnung im Manager verändern

Die Reihenfolge der Lesezeichen in der Leiste von links nach rechts

findet ihre Entsprechung im Lesezeichen-Manager. Dort erscheinen die Lesezeichen in derselben Reihenfolge, nur von oben nach unten. Auch im Manager können Sie die Lesezeichen verschieben. Wenn Sie dort beispielsweise das vierte Lesezeichen ● an die Position ●

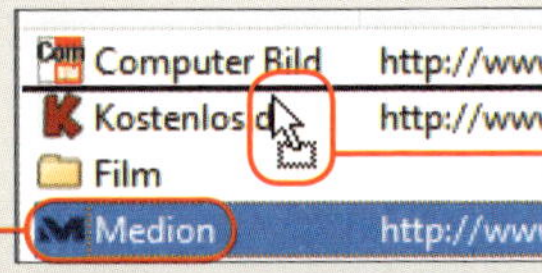

ziehen, ändert sich auch die Anordnung in der Lesezeichenleiste entsprechend: ●.

Bei der Erfassung einen geeigneten Ordner anlegen

Im Abschnitt auf Seite 72 wurde Ihnen gezeigt, wie Sie ein Lesezeichen gleich bei der Erfassung im passenden Ordner ablegen können. Sollten Sie mal keinen geeigneten Ordner finden, können Sie ihn auch kurzfristig anlegen. Und so einfach geht's:

1 Angenommen, Sie befinden sich auf den Seiten von SPORT BILD und möchten ein entsprechendes Lesezeichen speichern. Klicken Sie daher ganz normal auf ●,

tippen Sie wie gewohnt eine Bezeichnung ein, etwa ●, und klicken Sie danach direkt darunter auf ●,

um die Auswahlliste der vorhandenen Ordner zu öffnen. Da es für Sportseiten bislang noch keinen extra Ordner gibt, klicken Sie in der Liste auf ●.

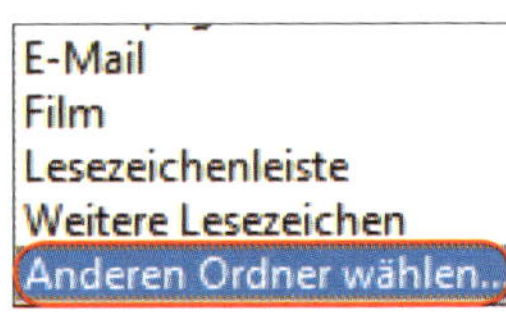

2 Daraufhin wird ein Fenster angezeigt, in dem Ihre Ordnerstruktur abgebildet ist. Anstatt jetzt aber gleich auf

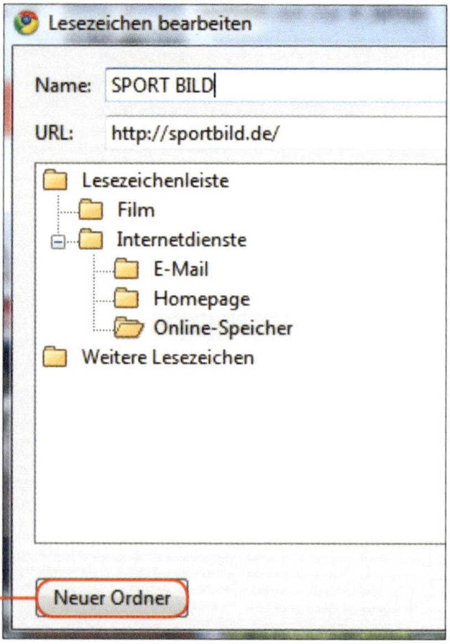

zu klicken, markieren Sie per Mausklick erst mal den Eintrag . Damit erreichen Sie, dass der Ordner unterhalb dieser Ebene angelegt wird, im Beispielfall also auf der Lesezeichenleiste.

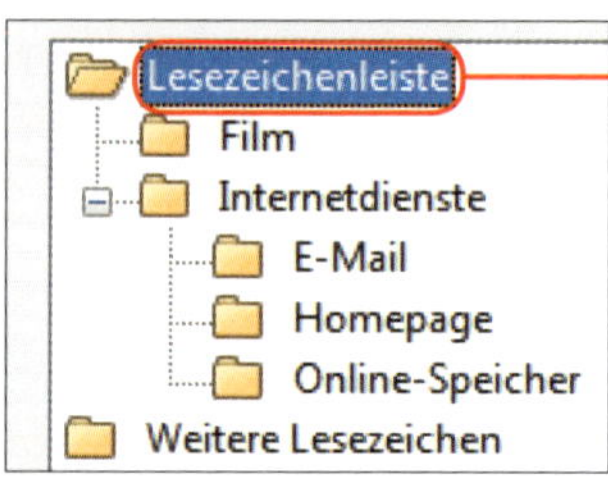

Erst danach klicken Sie auf die Schaltfläche

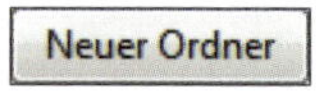

.

3 Der Rest ist schnell erledigt. Überschreiben Sie den markierten Platzhaltertext

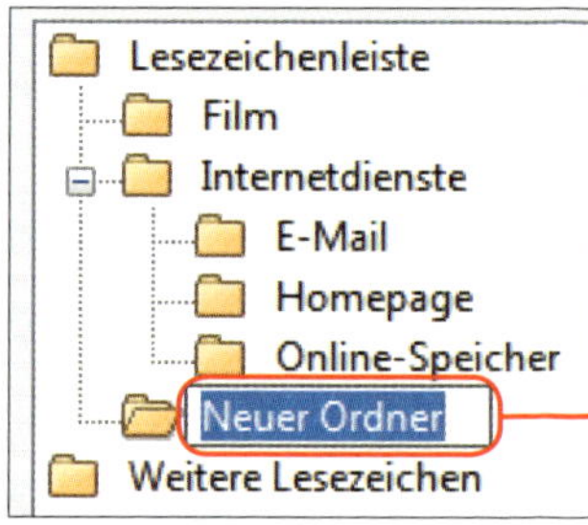

mit der gewünschten Bezeichnung, im Beispiel ,

und klicken Sie dann zur Bestätigung auf

.

Anschließend finden Sie den neuen Ordner wie gewünscht in der Lesezeichenleiste: .

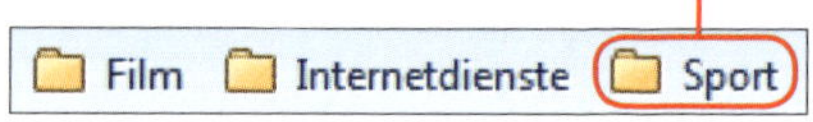

Praktischerweise enthält dieser auch gleich automatisch das SPORT BILD-Lesezeichen.

Lesezeichen im Manager finden

Auch wenn Sie die Ordnerstruktur Ihrer Lesezeichensammlung noch so klug und durchdacht aufbauen, kann es immer mal sein, dass Sie ein bestimmtes Lesezeichen suchen. Nach dem Programmstart oder wenn Sie ein neues Register öffnen, werden Ihnen wie erwähnt die zuletzt angelegten Lesezeichen angezeigt. Sollten Sie dort nicht fündig werden, rufen Sie den Lesezeichen-Manager auf.

1 Stellen Sie sich vor, Sie können sich noch erinnern, dass Sie einen COMPUTER BILD-Artikel über Digitalkameras als Lesezeichen erfasst haben, wissen aber nicht mehr, in welchem Ordner Sie es abgelegt haben. Rufen Sie den Lesezeichen-Manager auf. Die **Einfügemarke** befindet sich gleich im Suchfeld: ●.

2 Sie können daher gleich lostippen. Im Beispiel genügt schon die Eingabe von ●, damit das Lesezeichen gefunden wird: ●.

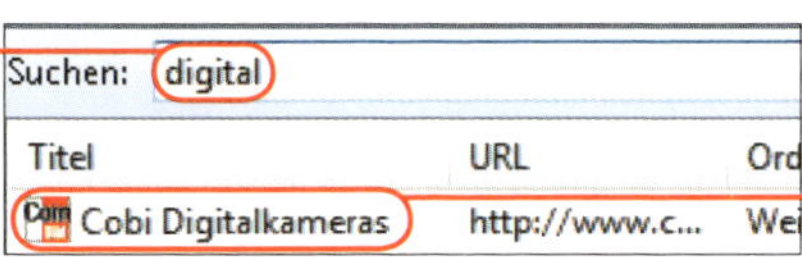

In der Spalte am rechten Rand sehen Sie übrigens, in welchem Ordner es aktuell abgelegt ist.

3 Auch wenn Sie zwischenzeitlich in einen anderen Ordner wechseln oder sogar eine Webseite aufrufen, bleibt die zuletzt ausgeführte Suchanfrage bestehen, solange der Manager geöffnet ist und Sie keine andere Suche gestartet ha-

! Zuletzt gespeicherte Lesezeichen im Manager anzeigen

Sie können sich Ihre Lesezeichen im Manager auch chronologisch anzeigen lassen. So sehen Sie nach einem Klick auf ●, dass ganz oben das zuletzt gespeicherte Lesezeichen steht und dann sukzessive die nächst älteren folgen.

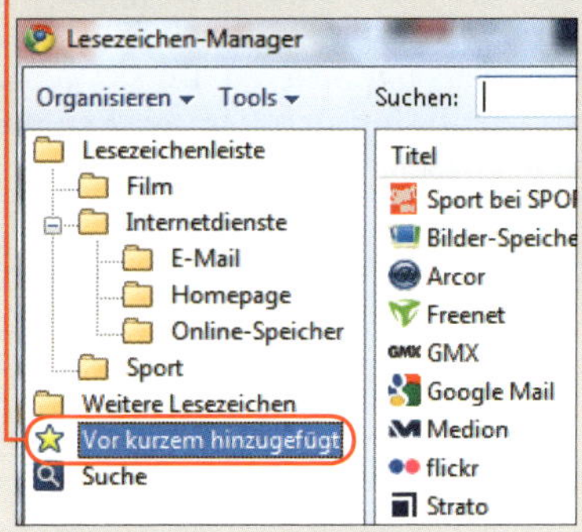

Im Manager werden wesentlich mehr Lesezeichen aufgelistet als auf der Startseite.

ben. Sie brauchen nur auf den Eintrag ●

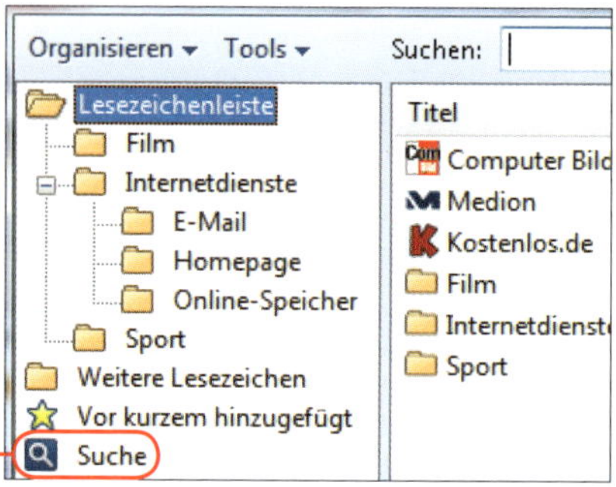

zu klicken – schon wechseln Sie wieder zum letzten Suchergebnis: ●.

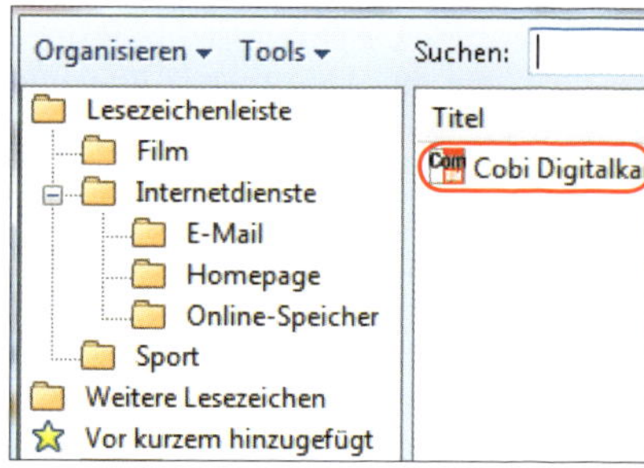

Lesezeichen importieren

Mit ziemlicher Sicherheit haben Sie auch in dem **Browser**-Programm, das Sie bisher verwendet haben, Lesezeichen angelegt. Diese können Sie gleich beim Einrichten von Chrome übernehmen, wie im ersten Kapitel geschildert. Aber auch später ist das jederzeit möglich. Das Übernehmen von Lesezeichen bezeichnet man als Importieren. Und so geht's, wenn Sie bisher den Internet Explorer genutzt haben:

1 Klicken Sie zunächst in der Navigationsleiste auf

und dann auf den Befehl ●.

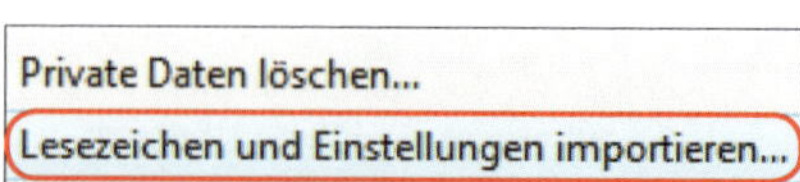

2 Im nachfolgenden Fenster erscheint eine Auswahl, die Sie beibehalten können (siehe dazu auch den Kasten). An den verschiedenen Optionen sehen Sie, dass Sie nicht nur Lesezeichen, sondern auch Suchmaschineneinträge und Passwörter, ja sogar den Verlauf vom Internet Explorer übernehmen können: ●.

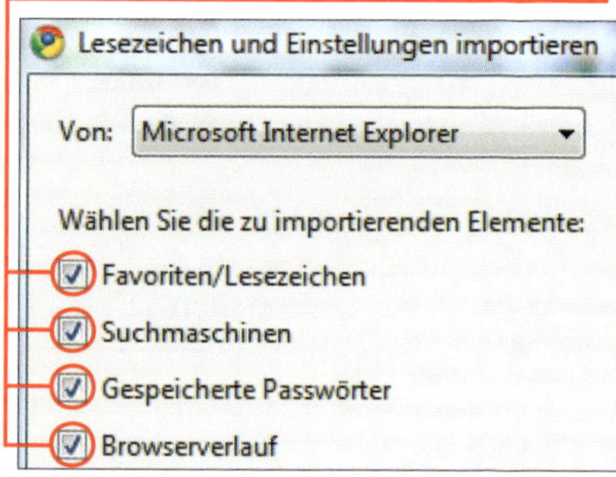

Falls Sie das nicht möchten, entfernen Sie einfach per Mausklick die Haken aus den entsprechenden Kästchen, etwa hier ●, und klicken anschließend auf die Schaltfläche ●.

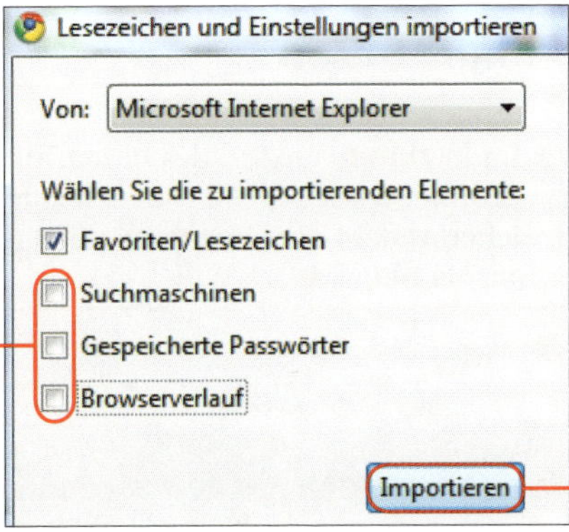

Einstellungen vom Firefox übernehmen

Ebenso wie vom Internet Explorer können Sie auch vom Mozilla Firefox Einstellungen übernehmen. Klicken Sie einfach im Fenster von Schritt 2 auf ●

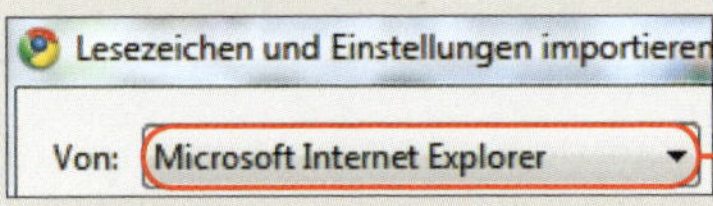

und danach auf den Eintrag ●.

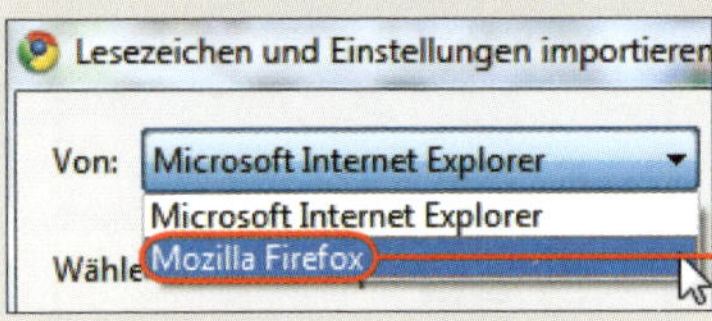

Dann geht es genauso weiter wie beim Internet Explorer.

3 Das Fenster verschwindet daraufhin, und die Lesezeichen werden übernommen. Sie erscheinen allerdings nicht in der Lesezeichenleiste. Das liegt daran, dass sie als Unterordner von ●

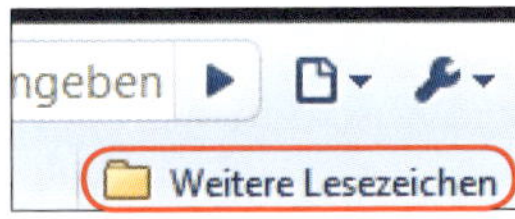

integriert werden. Deutlicher wird das, wenn Sie den Lesezeichen-Manager öffnen: ●.

4 Wie andere Ordner und Lesezeichen können Sie auch die importierten Lesezeichen ganz nach Wunsch anders platzieren. Wenn Sie den Ordner ● (und somit auch seine Unterordner) beispielsweise auf ●

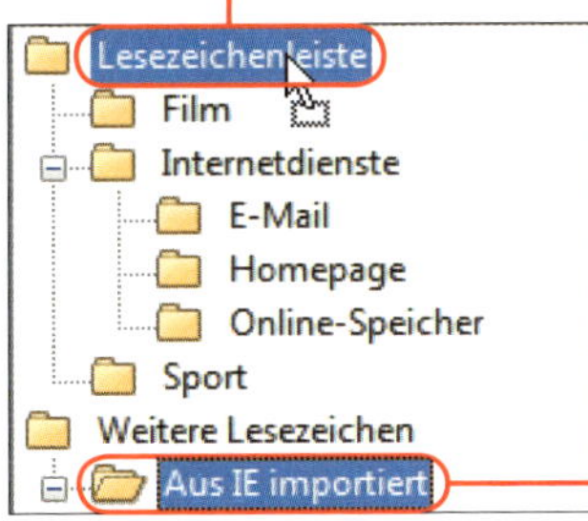

ziehen, erscheint er wunschgemäß auf der Lesezeichenleiste: ●.

Eine HTML-Datei importieren

Im vorigen Abschnitt wurde Ihnen gezeigt, wie Sie Lesezeichen aus dem Internet Explorer oder dem Firefox ganz leicht übernehmen können. Dabei handelt es sich um die Lesezeichen, die Sie in *Ihrem* Benutzerkonto mit dem betreffenden Browser gesammelt haben. Sie können aber auch Lesezeichensammlungen von anderen Rechnern, Browsern und anderen Benutzern übernehmen. Diese müssen dann zuvor jedoch als **HTML**-Datei exportiert werden. Das Verfahren beherrschen alle gängigen Browser. (Wie das mit Chrome funktioniert, erfahren Sie im nächsten Abschnitt). Um die so gespeicherten Lesezeichen im Chrome verwenden zu können, müssen Sie die HTML-Datei importieren.

1 Übertragen Sie die HTML-Datei, in der die Lesezeichen gespeichert sind, auf Ihren Rechner, beispielsweise in Ihren Dokumente-Ordner. Öffnen Sie dann den Lesezeichen-Manager, und klicken Sie darin auf ●

sowie anschließend auf den Befehl ●.

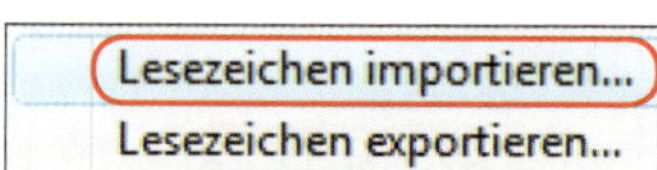

2 Im **Explorer**-Fenster, das daraufhin geöffnet wird, begeben Sie sich zum Speicherort der Datei, hier ●, markieren sie per Mausklick ●,

und klicken dann auf die Schaltfläche

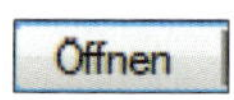

.

3 Künftig finden Sie die importierten Lesezeichen, genau wie zuvor die Internet-Explorer-Lesezeichen, als Unterordner von „Weitere Lesezeichen“ ●.

Lesezeichen exportieren

Ebenso unkompliziert wie das Importieren von Lesezeichen funktioniert der Export aus Chrome. Dabei speichern Sie Ihre Lesezeichensammlung als HTML-Datei. Diese können Sie dann beispielsweise als Sicherungsdatei auf einem externen Datenträger wie etwa einem **USB-Stift** speichern. Oder Sie importieren die Lesezeichen daraus in einen anderen Browser auf einem anderen Rechner. Wie dieses Importieren beim Chrome funktioniert, haben Sie im vorigen Abschnitt erfahren. Aber auch alle anderen gängigen Browser sind dazu in der Lage.

1 Öffnen Sie als Erstes wieder den Lesezeichen-Manager, und klicken Sie dort zunächst auf

sowie anschließend auf den Befehl ●.

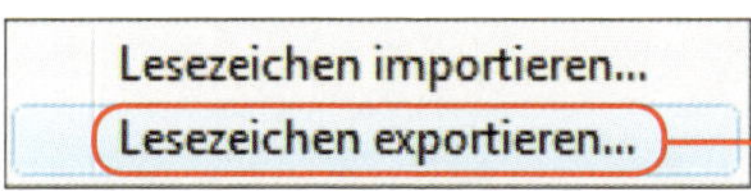

2 Im Explorer-Fenster, das daraufhin erscheint, geht es um die Wahl des Speicherorts. Im Beispiel sollen die Lesezeichen im Ordner ●

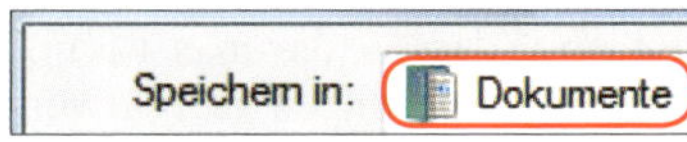

abgelegt werden.

3 Ob Sie den bereits automatisch markierten Namensvorschlag ●

beibehalten oder eine aussagekräftigere Bezeichnung eintippen, bleibt Ihnen überlassen. Danach brauchen Sie nur noch auf die Schaltfläche

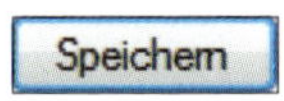

zu klicken. Im gewählten Ordner finden Sie dann die HTML-Datei mit den Chrome-Lesezeichen.

6 Sicher, bequem und unbelästigt Surfen

In Chrome sind viele Funktionen eingebaut, die gefahrloses und bequemes Surfen im Internet ermöglichen. Die meisten dieser Funktionen arbeiten diskret im Hintergrund, ohne dass Sie davon etwas mitbekommen. Sie müssen nur darauf achten, dass die Grundeinstellungen korrekt vorgenommen sind. Dazu brauchen Sie sich nicht einmal durch ein wirres Geflecht von Menüs und Untermenüs zu klicken wie bei manchem anderen Programm. So einfach und klar wie das Programmfenster aufgebaut ist, erreichen Sie auch die dazu nötigen Befehle und Auswahlmöglichkeiten mit wenigen Mausklicks.

Im sechsten Kapitel dieses Buches erfahren Sie,

- wie Sie den Phishing- und Malware-Schutz in Chrome aktivieren,
- worauf Sie bei der Übertragung sensibler Daten achten müssen,
- wie Sie sich geblockte Fenster anzeigen lassen können,
- was Sie tun können, wenn Seiten nicht angezeigt werden,
- wie Sie verräterische Surf-Spuren wieder loswerden,
- wie Sie solche Spuren gar nicht erst hinterlassen,
- wie Sie gespeicherte Passwörter löschen
- und was Sie sonst noch tun können, um Gefahren beim Surfen zu vermeiden.

Kapitel-Wegweiser

Sicherheitseinstellungen überprüfen

Vor zwei besonders gravierenden Gefahren im Internet schützt Sie Chrome automatisch, vor **Phishing**-Attacken und vor Seiten, die versuchen, **Schadprogramme** (= Malware) auf Ihren Rechner zu schleusen. Oder besser gesagt: Chrome versucht, Sie so gut wie möglich zu schützen. Zu Ihrer eigenen Sicherheit sollten Sie sich stets vergegenwärtigen, dass es keine *absolut* sicheren Internetzugriffsprogramme (Browser) gibt. Erfindungsreiche Angreifer schaffen es immer wieder, neue Lücken zu finden und auszunutzen. Das betrifft auch alle Internetprogramme. Aber lassen Sie sich davon nicht den Spaß am Internet verderben: Wenn Sie die integrierten Sicherheitsfunktionen von Chrome nutzen und vor allem die allgemeinen Sicherheitshinweise im folgenden Abschnitt beachten, sind Sie in aller Regel schon auf der sicheren Seite.

1 Sowohl der Phishing- als auch der Malware-Schutz sind standardmäßig im Chrome aktiviert. Zur Sicherheit sollten Sie dies aber kurz kontrollieren. Klicken Sie dazu als Erstes auf das Schraubenschlüsselsymbol

und dann auf den Eintrag ●.

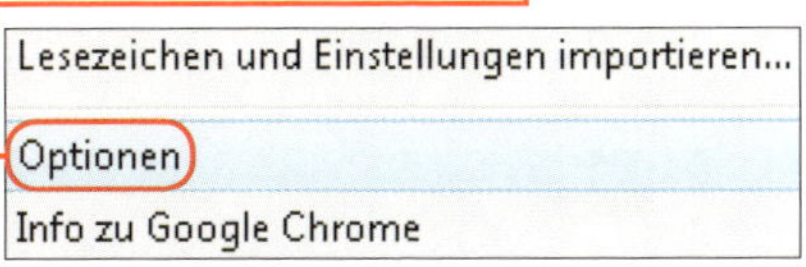

2 Im Optionen-Fenster, das daraufhin angezeigt wird, klicken Sie nun auf den Registerreiter ●,

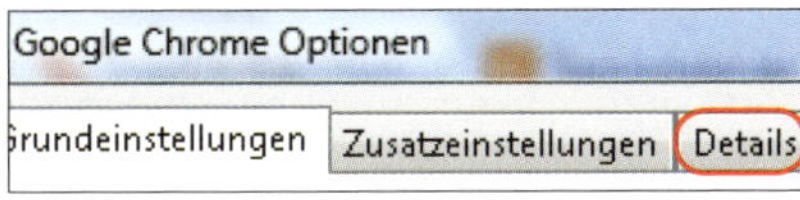

falls sich das Details-Register nicht sowieso schon im Bildschirmvordergrund befinden sollte.

3 Wenn im Kästchen neben der entsprechenden Option ein Häkchen zu sehen ist wie in der Abbildung ●,

können Sie beruhigt sein und gleich auf die Schaltfläche

klicken. Andernfalls setzen Sie mit einem Mausklick einen Haken in das Kästchen und klicken dann auf die Schaltfläche „Schließen". Danach ist der Schutz aktiviert. Das führt dazu, dass Chrome alle Seiten, die Sie aufrufen, auf mögliche Gefährdungen überprüft und Sie gegebenenfalls warnt.

Auf Verbindungssicherheit achten

Auf vielen Internetseiten müssen Sie private Daten übermitteln, beispielsweise wenn Sie online einkaufen oder Bankgeschäfte erledigen. Damit dieser Datenverkehr nicht von Unbefugten „abgehört“ werden kann, verschlüsseln seriöse professionelle Internetauftritte die Verbindung. Man spricht in dem Zusammenhang von einer sicheren Verbindung.

1 Rufen Sie beispielsweise die Adresse **www.deutsche-bank.de** auf. Dort klicken Sie auf ●

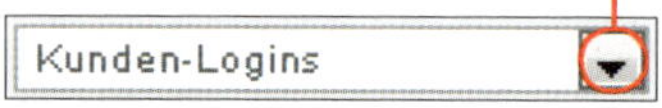

und in der dann aufklappenden Liste auf den Eintrag ●.

2 Sie befinden sich nun auf der **Login**-Seite des Internetauftritts der Deutschen Bank. Möchten Sie Ihren Kontobereich betreten, müssen Sie hier Ihre Benutzerdaten eintippen.

Dabei handelt es sich natürlich um hochsensible Daten. Die Verbindung muss daher sicher sein. Dafür trägt die Deutsche Bank selbstverständlich Sorge. Sie erkennen das daran, dass in der Adresszeile statt der üblichen Protokollangabe „http“ die Buchstabenfolge „http**s**“ steht: ●.

Adressleiste und Protokollangabe erscheinen zudem farbig. Rechts in der Adressleiste sehen Sie darüber hinaus ein Schlosssymbol ● sowie den Seitenbetreiber, beispielsweise ●.

3 Rufen Sie eine sichere Verbindung auf, weist sich die Seite mit einem sogenannten Zertifikat aus. Das ist eine Art Ausweis, mit dem die Identität des Betreibers bestätigt wird. Wenn Sie auf das Schlosssymbol klicken, erhalten Sie Informationen über den Aussteller des Zertifikats.

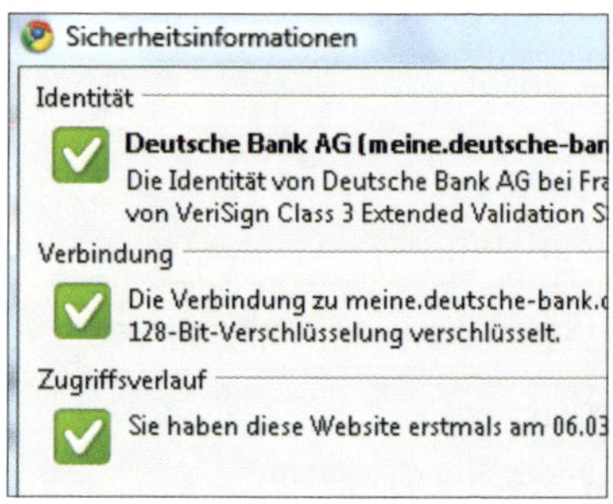

4 Sollten Sie eine Seite aufrufen, mit deren Zertifikat etwas nicht stimmt, passiert Folgendes: Die Protokollangabe „https“ wird rot und durchgestrichen dargestellt,

rechts in der Adressleiste taucht ein Warnschild auf,

und zudem blockiert Chrome den Aufruf der Seite. Stattdessen erscheint eine Hinweisseite. Normalerweise ist es empfehlenswert, jetzt auf zu klicken. Erscheint eine solche Warnung, heißt das allerdings nicht zwangsläufig, dass Sie auf einer Betrügerseite gelandet sind. So kann es beispielsweise auch sein, dass das Zertifikat lediglich abgelaufen ist.

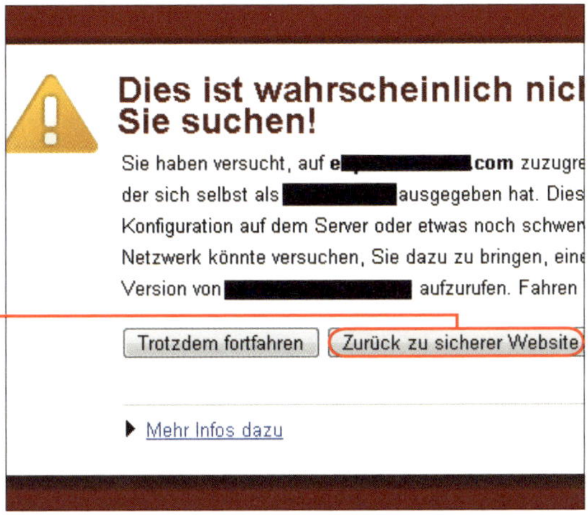

Allgemeine Sicherheitshinweise für das Surfen

Unabhängig vom verwendeten Browser-Programm sollten Sie grundsätzlich einige Sicherheitshinweise beachten, wenn Sie im Internet unterwegs sind. Hier einige der wichtigsten:

1 **Installieren** Sie ein Antiviren-Programm, und halten Sie es stets aktuell. Auf den Seiten von COMPUTER BILD können Sie sich beispielsweise das für Privatanwender kostenlose „Avira AntiVir“ besorgen.

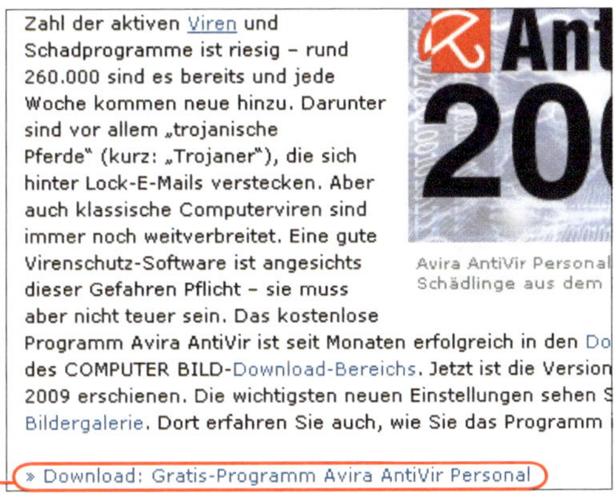

2 Achten Sie darauf, dass die Windows-Sicherheitsfunktionen aktiviert sind, also beispielsweise die integrierte **Firewall**.

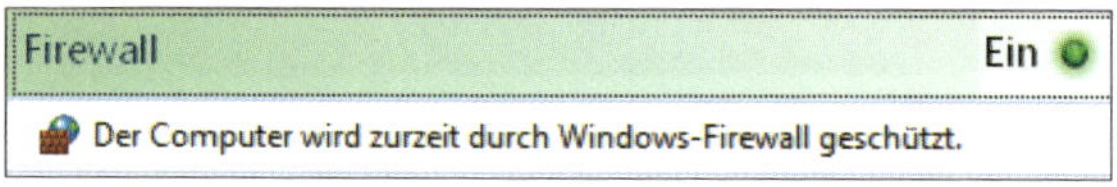

3 Halten Sie Programme, vor allem Ihr **Betriebsprogramm**, immer auf dem neuesten Stand. Am einfachsten geht das bei Windows Vista, wenn Sie **Updates** automatisch überspielen lassen.

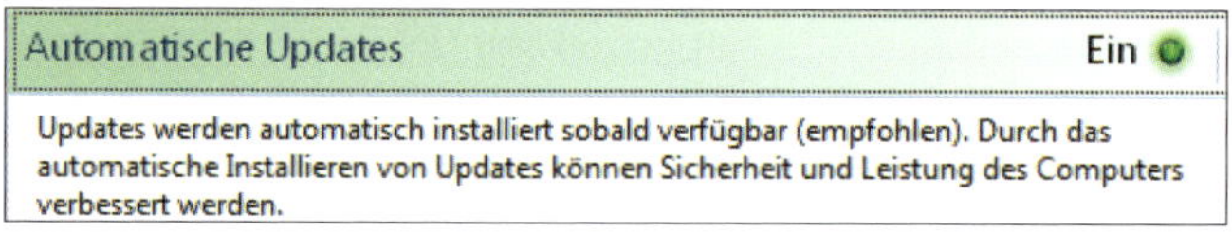

4 Für Ihre Internetausflüge sollten Sie ein Windows-Benutzerkonto verwenden, das über *keine* Administratorrechte verfügt. Das Risiko, versehentlich ein Schadprogramm zu installieren, ist dann zumindest deutlich verringert.

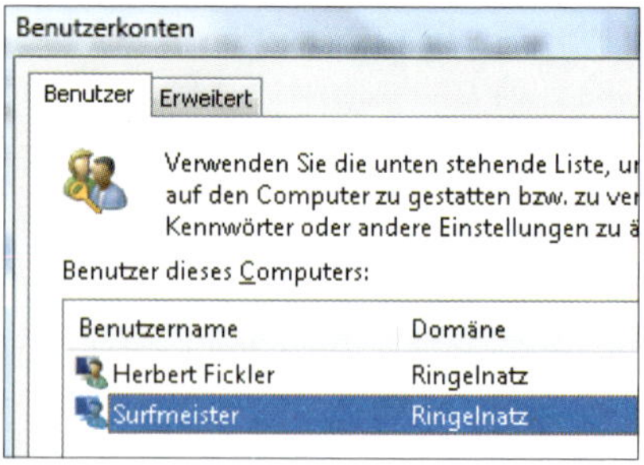

5 Im Internet gibt es unzählige Seiten, von denen Sie Dateien auf Ihren Rechner überspielen können, seien es Musikstücke, Textdokumente oder Programme. Das ist zweifellos eine feine Sache, birgt aber auch die Gefahr, dass Sie sich damit einen Computervirus oder ein anderes Schadprogramm einfangen.

Deshalb sollten Sie dafür Sorge tragen, dass Sie Dateien nur aus absolut vertrauenswürdigen Quellen verwenden. Das gilt natürlich auch für Dateien, die Sie per E-Mail zugeschickt bekommen oder die sich auf einem beliebigen Datenträger wie einer **CD** oder einem **USB-Stift** befinden. Dieser Sicherheitshinweis gilt auch dann, wenn Sie ein Antiviren-Programm installiert haben!

6 Höchste Vorsicht ist geboten, wenn Sie ungefragt E-Mails von Unbekannten erhalten. Ganz egal, ob diese E-Mails sensationelle Versprechungen, angebliche finanzielle Forderungen oder gar Drohungen enthalten, es gilt ganz strikt: Öffnen Sie keine Dateianhänge in solchen E-Mails, lassen Sie sich nicht auf Seiten locken, die darin angepriesen werden, reagieren Sie am besten gar nicht auf solche E-Mails! Fragen Sie im Zweifelsfall stattdessen beim angeblichen (!) Absender nach, was es mit der E-Mail beziehungsweise dem darin geschilderten Sachverhalt auf sich hat. Oft genug reicht es auch schon, eine kurze Internetrecherche durchzuführen. Betrügerische E-Mails werden nämlich normalerweise massenhaft versendet, und daher finden Sie in **Webforen** in der Regel auch Erfahrungsberichte anderer Nutzer.

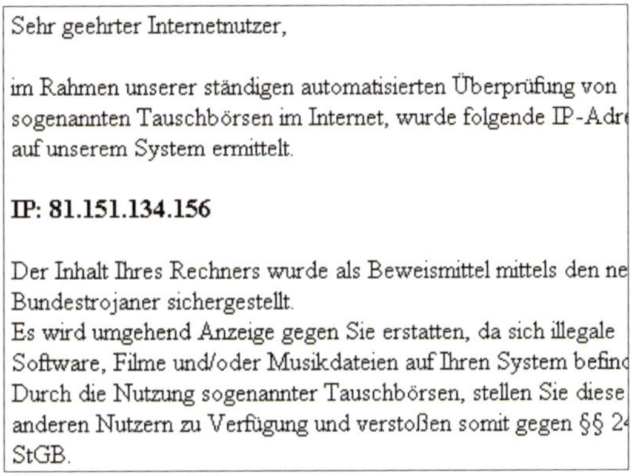

Sehr geehrter Internetnutzer,

im Rahmen unserer ständigen automatisierten Überprüfung von sogenannten Tauschbörsen im Internet, wurde folgende IP-Adr
auf unserem System ermittelt.

IP: 81.151.134.156

Der Inhalt Ihres Rechners wurde als Beweismittel mittels den ne
Bundestrojaner sichergestellt.
Es wird umgehend Anzeige gegen Sie erstatten, da sich illegale Software, Filme und/oder Musikdateien auf Ihren System befin
Durch die Nutzung sogenannter Tauschbörsen, stellen Sie diese anderen Nutzern zu Verfügung und verstoßen somit gegen §§ 2
StGB.

7 Was sich von selbst verstehen sollte: Halten Sie sich ganz generell von dubiosen Internetseiten fern. Wer im Internet beispielsweise nach Raubkopien von Programmen und Musik-CDs sucht, kommt zwangsläufig mit Seitenmachern in Kontakt, die es mit der Ehrlichkeit nicht so genau nehmen. Und wenn Sie sich mit derart zwielichtigen Gestalten einlassen, brauchen Sie sich auch nicht zu wundern, wenn Sie dabei in eine Falle gelockt werden.

Pop-up-Blocker richtig einsetzen

Rufen Sie eine Internetseite auf, erscheinen manchmal ohne Ihr Zutun zusätzlich Fenster auf Ihrem Bildschirm. Diese werden als Pop-up-Fenster bezeichnet („Pop up“ heißt übersetzt „aufklappen“, „aufspringen“ oder „plötzlich erscheinen“). Meist enthalten diese Pop-up-Fenster Werbebotschaften. Sie richten keinen Schaden an, sind beim Surfen aber doch recht lästig. Standardmäßig ist in Chrome daher eine Funktion aktiv, die das selbstständige Öffnen solcher Fenster unterbindet. Diese Funktion wird Pop-up-Blocker genannt.

Das Dumme ist nur, dass die Technik der Zusatzfenster nicht nur zu Werbezwecken eingesetzt wird. Bei manchen E-Mail-Anbietern beispielsweise wird das Fenster, in dem Sie eine Nachricht verfassen, in einem Pop-up-Fenster geöffnet. Deshalb ist es ratsam, sich von Chrome über geblockte Pop-up-Fenster informieren zu lassen. Bei Bedarf können Sie ein benötigtes Fenster dann anzeigen lassen.

1 Die entsprechende Einstellmöglichkeit finden Sie wie zu erwarten im

Optionen-Fenster. Klicken Sie also zunächst auf den Schraubenschlüssel

und anschließend auf den Eintrag

.

2 Wenn Sie im erscheinenden Optionen-Fenster mit einem Mausklick auf den Registerreiter

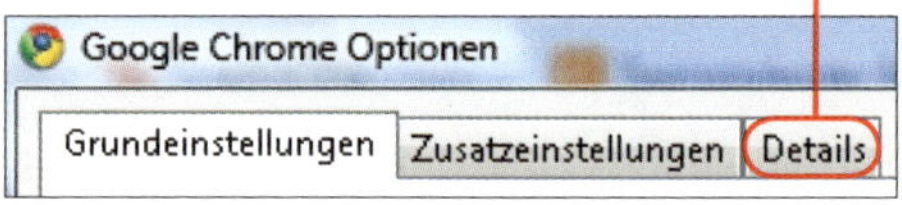

das entsprechende Register in den Vordergrund geholt haben, können Sie kontrollieren, ob sich im Kästchen

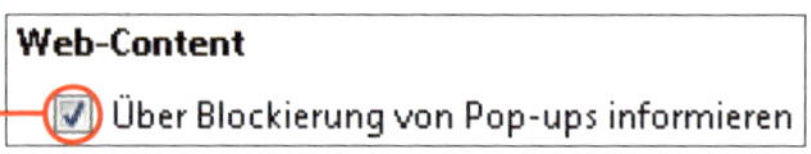

ein Haken befindet. Ist das der Fall, können Sie das Fenster wie gewohnt schließen. Andernfalls setzen Sie den Haken per Mausklick.

3 Rufen Sie nun zum Test die Seite **www.popuptest.com** auf. Dort können Sie den Pop-up-Blocker gleich ausprobieren, indem Sie einfach auf einen der Links klicken.

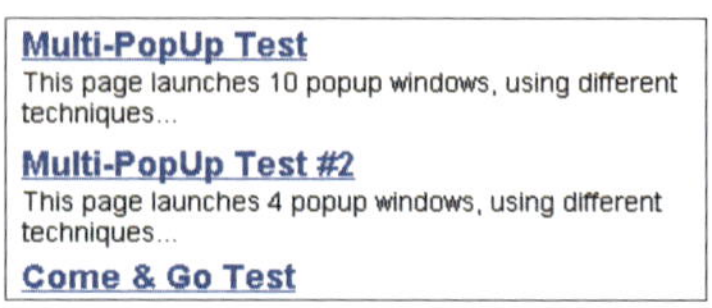

4 Umgehend versucht die Seite zu Testzwecken, Pop-up-Fenster zu öffnen.

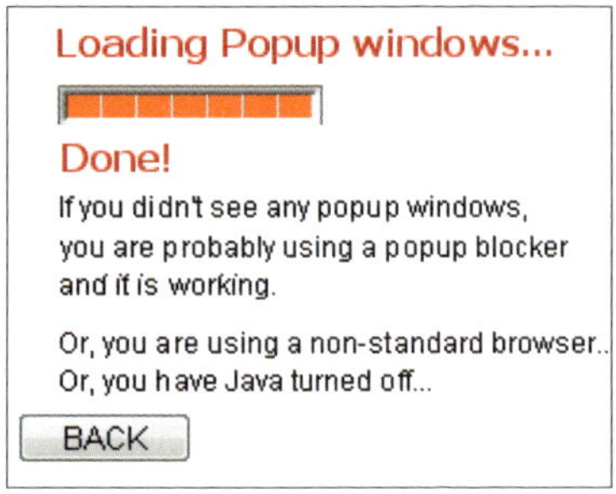

Chrome verhindert dies jedoch und weist Sie nur rechts unten im Programmfenster darauf hin, dass Pop-up-Fenster geblockt wurden: .

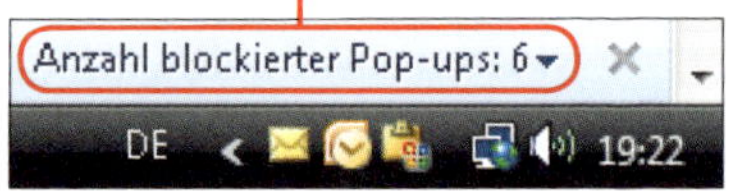

5 Klicken Sie auf diese Meldung, klappt eine Liste der geblockten Fenster auf. Auf „normalen" Seiten hätten diese natürlich aussagekräftige Bezeichnungen.

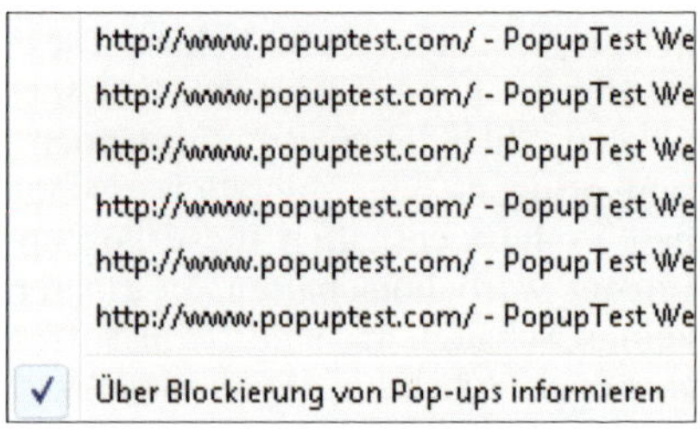

Per Klick auf einen der Einträge erscheint das dazugehörige Pop-up-Fenster auf der Seite.

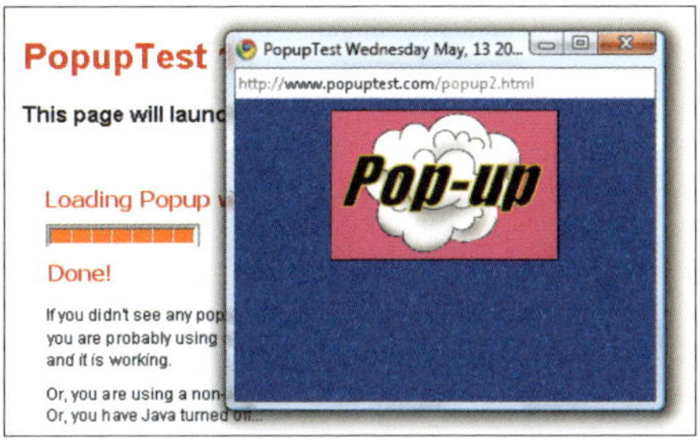

6 Wenn Sie während des Surfens mit dem Blocken einverstanden sind, können Sie die jeweilige Meldung auch ganz einfach ausblenden. Sie brauchen dazu nur unten im Programmfenster auf das Schließkreuz zu klicken.

Probleme beim Surfen

Hin und wieder kommt es vor, dass eine Seite nicht angezeigt werden kann. Das kann verschiedene Ursachen haben: So ist der **Server** möglicherweise überlastet, oder die Programmierung der Internetseite bereitet Schwierigkeiten, da die Seite nicht für alle Browser getestet und angepasst wurde. Im Extremfall kann es sogar passieren, dass sich die Seite „aufhängt". Das bedeutet, dass kein Mausklick oder Tastendruck mehr etwas bewirkt, Sie noch nicht einmal das Laden abbrechen oder zur vorigen Seite zurückkehren können. Beim Surfen mit Chrome ist das normalerweise nicht weiter tragisch, da jedes Register in einem separaten Arbeitsprozess läuft. Chrome stürzt also nicht komplett ab, und Sie müssen nur das betroffene Register schließen. Die anderen Register bleiben davon unberührt.

1 Wenn Chrome eine Seite nicht vorschriftsmäßig laden kann, erscheint nach einer gewissen Zeitspanne eine dunkelblaue Seite mit dem Text.

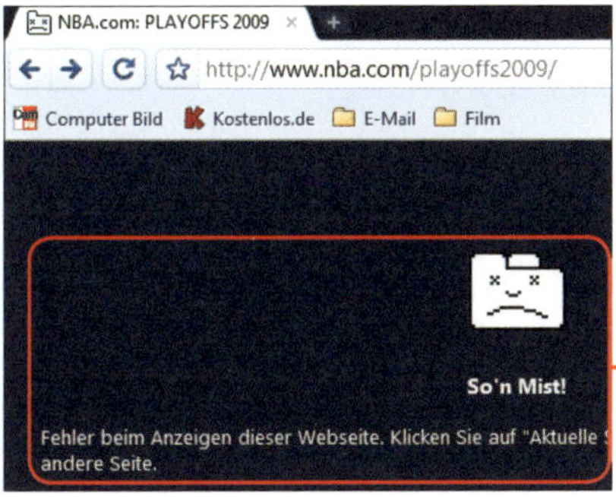

In einem solchen Fall können Sie versuchen, die Seite noch einmal zu laden. Sie brauchen dazu nur auf das Symbol

zu klicken. Klappt die Seitenanzeige immer noch nicht, bleibt Ihnen nichts anderes übrig, als Ihr Glück später erneut zu versuchen. Oft genug treten solche Anzeigeprobleme nur temporär auf.

2 Auf vielen Internetseiten wird Programmcode ausgeführt. Kommt es dabei zu Problemen, erscheint eine Fehlermeldung. In diesem Meldefenster brauchen Sie nur auf ●

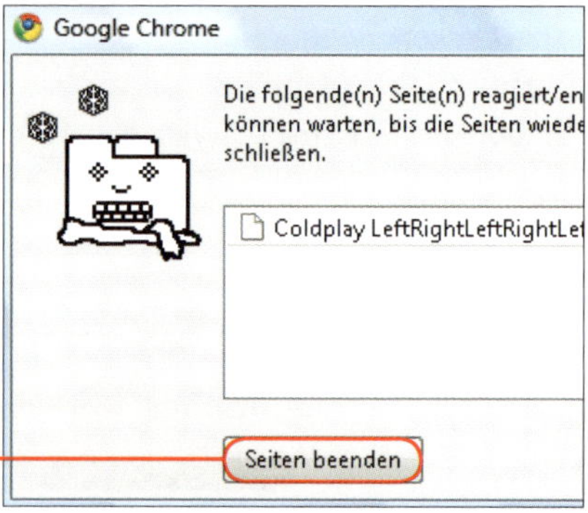

zu klicken. Anschließend können Sie die Seite erneut aufrufen.

3 In seltenen Fällen können die Anzeigeprobleme so weit gehen, dass sich die Seite komplett „aufhängt". Es geht gar nichts mehr, kein Tastendruck, kein Mausklick bewirkt irgendetwas. Sie können also noch nicht einmal die Seite verlassen oder das Register schließen. Nun brauchen Sie aber nicht etwa Chrome komplett zu beenden und neu zu starten. Stattdessen können Sie mithilfe des Task-Managers Abhilfe schaffen und lediglich das betroffene Register schließen. Um den Task-Manager einzublenden, klicken Sie mit der rechten (!) Maustaste auf eine freie Stelle in der Titelleiste, etwa hierhin ●,

und danach auf den Eintrag ●.

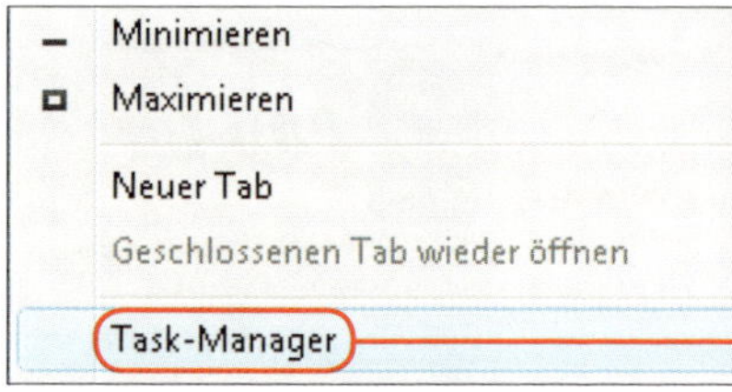

Alternativ können Sie auch die **Tastenkombination** ⇧ und Esc verwenden.

4 Daraufhin werden die derzeit laufenden Arbeitsprozesse angezeigt. Klicken Sie auf den Eintrag des nicht reagierenden Registers, beispielsweise ●,

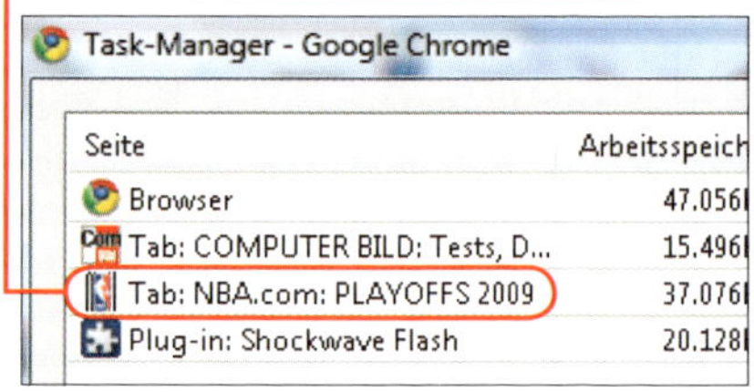

um ihn zu **markieren** ●,

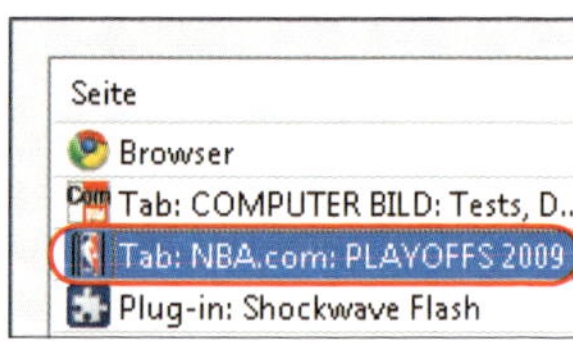

und danach auf die Schaltfläche

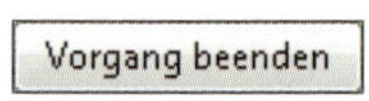

.

5 Der Zugriff auf die problematische Internetseite wird daraufhin beendet und erscheint nicht mehr im Task-Manager.

Das betreffende Register ist jetzt zwar noch geöffnet, reagiert aber wieder. Dort erscheint nun auch wieder das blaue Hinweisfenster wie in Schritt 1 dieser Anleitung. Sie können also entweder noch einen weiteren Ladeversuch starten wie geschildert oder zumindest das Register schließen.

Surfen, ohne Spuren zu hinterlassen

Chrome speichert eine Menge Daten über Ihr Surf-Verhalten. So wird beispielsweise im Verlauf festgehalten, welche Seiten Sie sich angesehen haben. Einerseits ist das sehr praktisch, wenn Sie etwa beim Programmstart oder Öffnen eines neuen Registers gleich Ihre am häufigsten besuchten Seiten aufgelistet bekommen. Andererseits kann natürlich jeder, der Zugriff auf Ihr Windows-Benutzerkonto hat, nachvollziehen, welche Seiten Sie aufgerufen haben. Innerhalb einer kleinen Firma oder einer Familie ist es ja auch nichts Ungewöhnliches, wenn mehrere Personen gemeinsam ein Benutzerkonto verwenden. Das kann Sie aber auch in eine Zwickmühle bringen. Stellen Sie sich zum Beispiel vor, Sie wollen im Internet eine Überraschungsreise für Ihre Familie planen. Davon soll natürlich niemand etwas mitbekommen. Sie müssen also surfen, ohne Spuren zu hinterlassen.

1 Dieses anonyme Surfen funktioniert so: Klicken Sie als Erstes auf das Schraubenschlüsselsymbol

und danach auf den Eintrag ●.

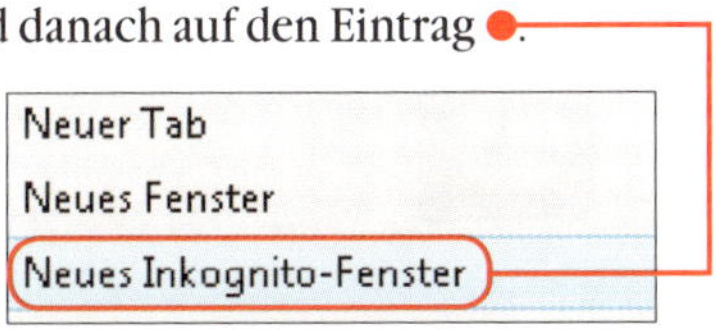

2 Sie öffnen dadurch ein neues Chrome-Fenster, das sich optisch und auch in der Bedienung nicht von einem „normalen" Fenster unterscheidet. Lediglich am linken Rand neben den Registerreitern sehen Sie einen Comic-Geheimdienstmann, standesgemäß mit Schlapphut und hochgeschlagenem Trenchcoat-Kragen: ●.

Diese geheimnisvolle Figur signalisiert Ihnen, dass Sie ein Inkognito-Fenster geöffnet haben. Darin können Sie wie gewohnt Seiten aufrufen, im Beispiel eine Reiseseite.

3 Das Besondere ist jedoch, dass Chrome diese Seiten *nicht* im Verlauf speichert. Niemand kann also nachträglich erkennen, dass Sie sich eine Reiseseite angesehen haben. Wohl aber sind die Seiten im Verlauf aufgelistet, die Sie im normalen Surf-Modus besucht haben, etwa .

Das gilt übrigens auch für Downloads. Wenn Sie Dateien in einem Inkognito-Fenster auf Ihren Rechner überspielen, erscheinen diese *nicht* in der Download-Auflistung!

4 Um ein Inkognito-Fenster zu öffnen, können Sie auch die Tastenkombination Strg, ⇧ und N drücken. Auch ein Link oder ein Lesezeichen lässt sich in einem Inkognito-Fenster anzeigen. Nach einem Rechtsklick öffnet sich nämlich ein Kontextmenü, in dem Sie nur auf

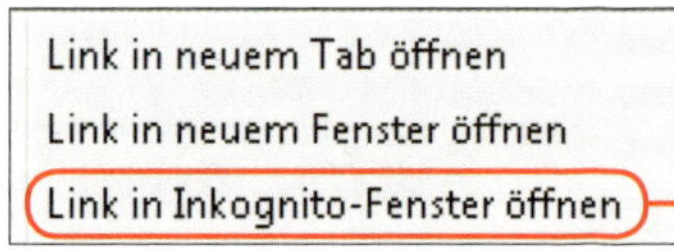

zu klicken brauchen.

5 Sollten Sie sich aber schon in einem Inkognito-Fenster befinden und dann einen Link oder ein Lesezeichen mit der rechten (!) Maustaste anklicken, ist dieser Befehl nicht erreichbar. Das ist allerdings auch nicht nötig. Denn ein Klick auf öffnet das Register sowieso im selben Fenster und damit natürlich auch im Inkognito-Modus. Und auch wenn Sie den Befehl

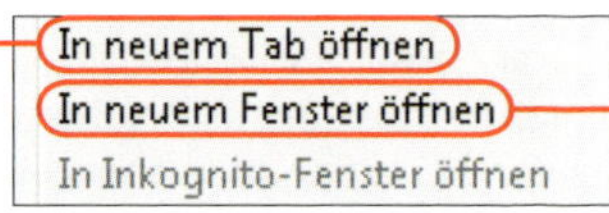

erteilen, wird die Seite in einem neuen Inkognito-Fenster geöffnet.

Surf-Spuren tilgen

Es gibt vielerlei Gründe, Surf-Spuren zu löschen. Um das Beispiel des vorigen Abschnitts fortzuführen: Es ist beispielsweise denkbar, dass Sie die Reiseplanung versehentlich nicht in einem Inkognito-Fenster, sondern im normalen Modus durchgeführt haben. Das ist jedoch nicht weiter tragisch, weil Sie die Verlaufseinträge eines Tages problemlos löschen können. Darüber hinaus ist es möglich, den gesamten Verlauf zu löschen, Cookies loszuwerden, den Cache zu leeren, ja selbst gespeicherte Passwörter zu löschen (siehe dazu auch den Kasten auf Seite 102 sowie den Abschnitt auf Seite 103 ff., der sich eingehend mit Passwörtern befasst).

1 Um die Verlaufseinträge eines Tages loszuwerden, lassen Sie sich zunächst den Gesamtverlauf anzeigen, wie auf Seite 20 beschrieben, drücken also zum Beispiel die Tastenkombination Strg und H. Im Verlauf brauchen Sie jetzt nur noch neben dem betreffenden Tag, beispielsweise ●,

auf den Befehl ●

zu klicken und die Sicherheitsabfage mit einem Mausklick auf die Schaltfläche ●

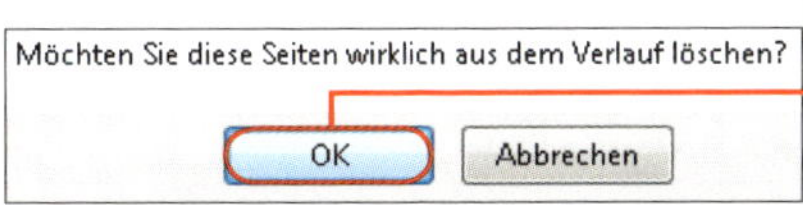

zu bestätigen. Dann sind die Einträge dieses Tages getilgt.

2 Wenn Sie andere Surf-Spuren oder den Verlauf für einen längeren Zeitraum beseitigen wollen, gehen Sie folgendermaßen vor: Klicken Sie als Erstes wieder auf

und danach auf den Befehl ●.

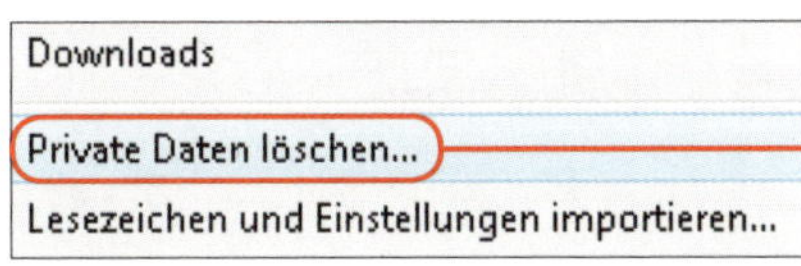

3 Im Fenster, das daraufhin erscheint, können Sie mithilfe der Auswahlkästchen ●

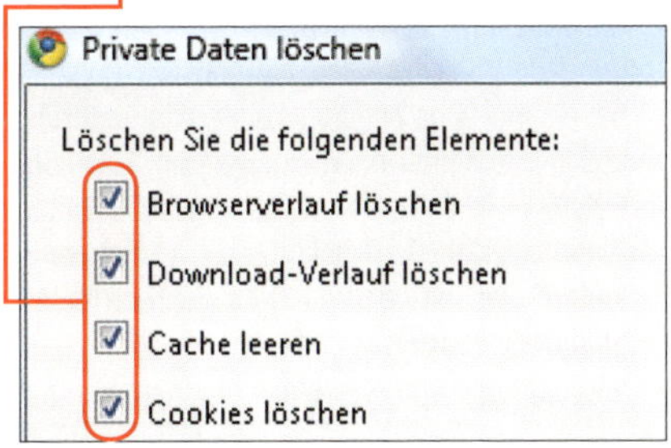

festlegen, welche Daten gelöscht werden sollen und welche nicht. Sie brauchen dazu nur per Mausklick Haken zu setzen beziehungsweise zu entfernen. Im Bereich darunter bestimmen Sie den Zeitraum: .

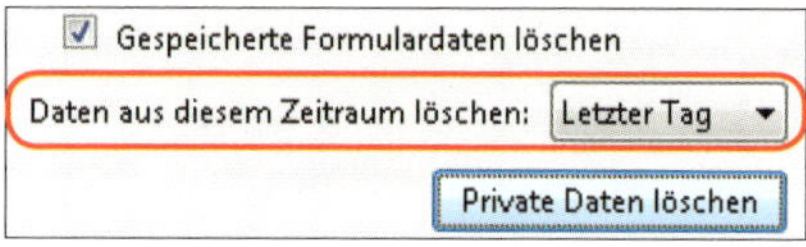

4 Ein Beispiel: Damit der Download-Verlauf der letzten Woche gelöscht wird, entfernen Sie zunächst alle Haken bis auf den im Kästchen ,

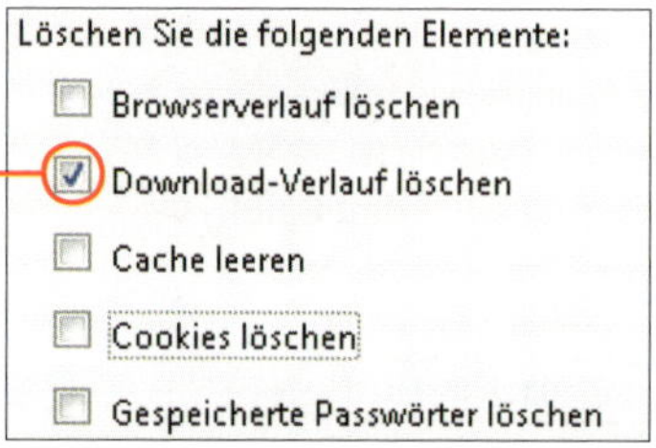

klicken dann auf

und wählen schließlich den Eintrag .

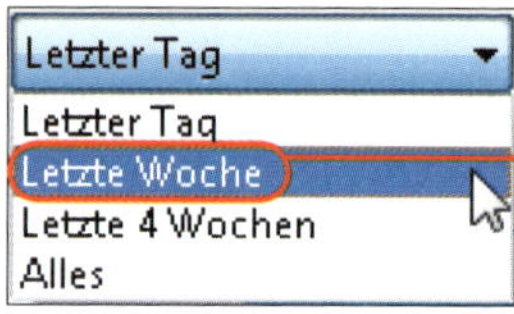

Die Einstellungen im Fenster sehen nun so aus: . Zur Bestätigung genügt ein Mausklick auf die Schaltfläche .

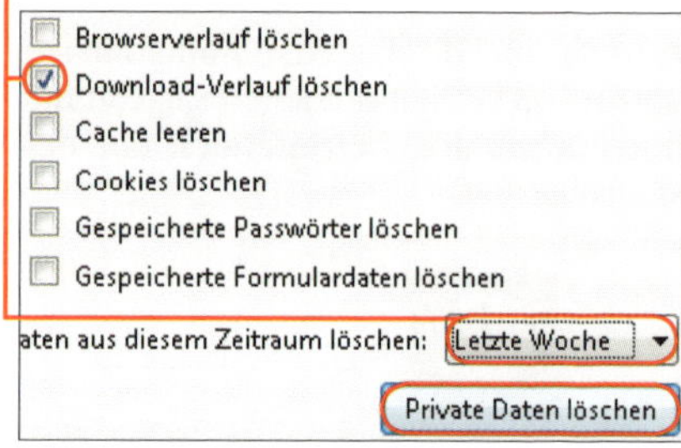

Cookies und Cache

Viele Internetauftritte speichern auf Ihrem Rechner kleine Dateien, die dazu dienen, dass Sie bei Ihrem nächsten Besuch wiedererkannt werden. Diese Dateien werden als Cookies bezeichnet. Das Wiedererkennen kann durchaus in Ihrem Interesse sein, weil Sie dann zum Beispiel ein speziell auf Sie zugeschnittenes Angebot präsentiert bekommen. Andererseits kann damit natürlich auch Ihr Surf-Verhalten analysiert werden.
Im Cache werden – vereinfacht ausgedrückt – Internetseiten, die Sie bereits angesehen haben, vorübergehend gespeichert. Das hat den Vorteil, dass diese Seiten beim nächsten Besuch schneller angezeigt werden können. Da sich diese „Seitenkopien" aber auch auf Ihrem Rechner befinden, lassen sie gegebenenfalls Rückschlüsse auf Ihr Surf-Verhalten zu. Wenn Sie also wirklich *alle* Spuren weitgehend tilgen wollen, sollten Sie, wie oben Schritt für Schritt beschrieben, auch Cookies und Cache löschen.

Gespeicherte Passwörter löschen

Im Kapitel 3 auf Seite 40 f. wurde geschildert, wie Sie sich die lästige Login-Prozedur bei Online-Diensten ersparen können. Wie bereits erwähnt, sollten Sie von dieser Möglichkeit allerdings nur bei wirklich „ungefährlichen" Diensten Gebrauch machen. Doch was, wenn Sie mal versehentlich ein Passwort speichern? Dann brauchen Sie nicht etwa *alle* Passwörter zu löschen, wie im vorigen Abschnitt gezeigt. Sie haben auch die Möglichkeit, nur dieses eine Passwort wieder loszuwerden.

1 Klicken Sie zunächst wieder auf das Schraubenschlüsselsymbol

,

dann aber nicht etwa auf ●, wie man meinen könnte, sondern auf den Eintrag ●.

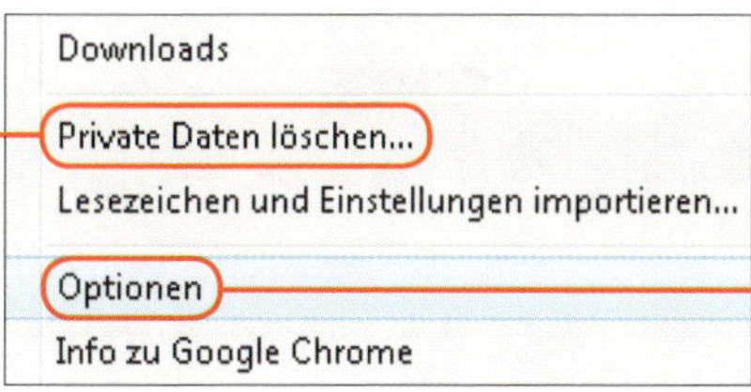

2 Im Optionen-Fenster holen Sie nun mit einem Mausklick auf den Registerreiter ●

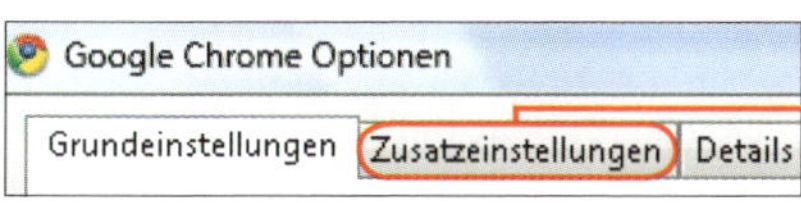

das entsprechende Register in den Bildschirmvordergrund und klicken darin auf die Schaltfläche ●

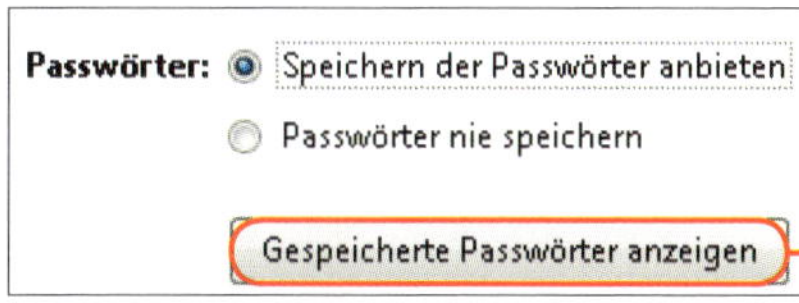

3 Daraufhin werden alle Dienste aufgelistet, für die Sie Zugangsdaten gespeichert haben. Markieren Sie den Eintrag, den Sie entfernen möchten, per Mausklick, hier ●,

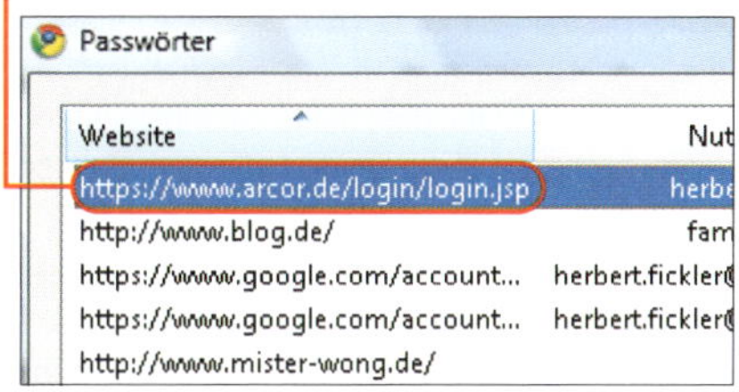

und klicken Sie einfach auf

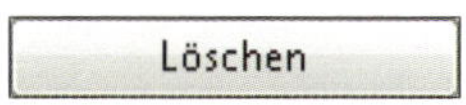
.

Die entsprechenden Daten werden anschließend entfernt. Alle anderen bleiben aber erhalten.

Danach können Sie dieses Fenster wie auch das Optionen-Fenster per Klick auf

schließen.

4 Chrome erkennt, wenn Sie einen Benutzernamen und ein Passwort auf einer Login-Seite eintippen, und bietet Ihnen dann an, diese Benutzerdaten zu speichern. Falls Sie von diesem Speicherangebot generell *nicht* Gebrauch machen möchten, können Sie im Fenster von Schritt 2 dieser Anleitung per Mausklick die Option

auswählen. Dann wird Ihnen Chrome das Speichern künftig gar nicht erst anbieten.

Vergessenes Passwort herausfinden

Das Speichern von Passwörtern im Browser birgt die Gefahr in sich, dass Sie das Passwort mit der Zeit schlicht und einfach vergessen. Sie müssen es ja schließlich nie eintippen. Was aber, wenn Sie es doch einmal benötigen? Weil Sie beispielsweise von einem anderen Rechner aus auf den betreffenden Online-Dienst zugreifen wollen? In dem Fall können Sie sich das Passwort anzeigen lassen, auch wenn die entsprechende Funktion gut versteckt ist. Rufen Sie zunächst das Fenster mit den gespeicherten Benutzerdaten auf, wiederholen Sie also die Schritte 1 und 2. Markieren Sie dann den Dienst per Mausklick, und klicken Sie rechts auf die Schaltfläche

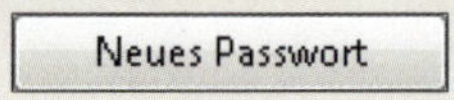

.

Schon wird darunter das Passwort – in der Abbildung unkenntlich gemacht – angezeigt: . Per Klick auf die jetzt veränderte Schaltfläche

können Sie es wieder verbergen.

Mit Passwörtern umgehen

Wenn ein Unbefugter eines Ihrer Passwörter herausbekäme, könnte Ihnen erheblicher Schaden entstehen. Denken Sie nur daran, was passieren könnte, wenn ein Gauner Zugriff auf Ihr Ebay-Konto bekommen würde. Damit das nicht passiert, sollten Sie einige Sicherheitshinweise beachten.

1 Ein Passwort sollte nie Ihren Namen, den von Familienmitgliedern, Haustieren oder sonstige Begriffe aus Ihrem persönlichen Umfeld enthalten. Es wäre viel zu leicht zu erraten.

2 Am besten legen Sie sich ein Passwort zu, das sich aus Buchstaben, Zahlen und sogar Sonderzeichen zusammensetzt und möglichst lang ist.

3 Speichern Sie Passwörter nicht auf Ihrem Rechner, sondern notieren Sie sie besser auf einem sicher verwahrten Blatt Papier. Wenn das nicht praktikabel ist, verwenden Sie ein Programm, mit dem Sie Passwörter sicher verwalten können (siehe Kasten unten).

4 Benutzen Sie verschiedene Passwörter für verschiedene Dienste. Falls Sie immer dasselbe Passwort verwenden sollten, genügt schon die unbedachte Registrierung bei einem unseriösen Anbieter, um diesem den Zugriff auf Ihren „Generalschlüssel" zu geben.

5 Sie sollten Ihr Passwort niemals weitergeben. Kein seriöser Dienstanbieter wird je von Ihnen am Telefon oder per E-Mail die Angabe Ihres Passwortes verlangen.

6 Ändern Sie wichtige Passwörter von Zeit zu Zeit. Wenn eines doch mal in falsche Hände geraten ist, kann so wenigstens kein dauerhafter Schaden entstehen.

7 Wie bereits erwähnt, sollten Sie nur solche Benutzerdaten im Browser speichern, bei denen eine missbräuchliche Nutzung nicht allzu tragisch wäre, und möglichst auch nur dann, wenn sichergestellt ist, dass niemand außer Ihnen selbst Zugriff auf Ihren Rechner hat.

Passwörter sicher speichern

Es gibt Programme, mit denen Sie Passwörter verwalten können. Ein Beispiel ist das kostenlose Programm „KeePass", das Sie sich unter der Adresse **www.keepass.info** besorgen können. Der Zugriff auf dieses Programm wird durch ein Haupt-Passwort, ein sogenanntes Master-Passwort geschützt. Wenn Sie KeePass verwenden, brauchen Sie sich nur dieses eine Passwort zu merken. Alle anderen erfassen Sie innerhalb des Programms. Die Software ist auch in einer Version erhältlich, die Sie auf einem USB-Stick installieren können („Portable KeePass"). Das ist natürlich noch sicherer, als wenn es auf Ihrem Hauptrechner eingerichtet ist. Zudem können Sie den Stick überallhin mitnehmen.

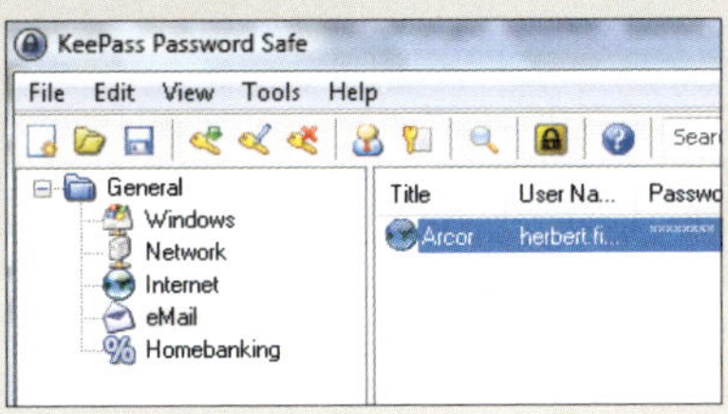

7 Chrome ganz nach Wunsch anpassen

Die Chrome-Macher haben größten Wert darauf gelegt, das Programmfenster so übersichtlich wie möglich zu halten und wirklich nur mit den allerwichtigsten Befehlssymbolen auszustatten. Dasselbe gilt für Funktionen und Einstellmöglichkeiten. Auch dabei lautete die Devise „Weniger ist mehr". Dennoch können Sie das Verhalten von Chrome in gewissem Rahmen auf Ihre persönlichen Bedürfnisse zuschneiden. Insbesondere für das Startverhalten stehen Ihnen verschiedene Möglichkeiten zur Verfügung.

Im siebten Kapitel dieses Buches erfahren Sie,

- wie Sie eine Internetseite festlegen, zu der Sie ganz fix zurückkehren können,
- wie Sie ein entsprechendes Navigationssymbol einfügen,
- wie Sie das Startverhalten von Chrome verändern,
- wie Sie sich für Chrome als Standard-Browser entscheiden,
- wie Sie sich für den Online-Zugriff auf Ihr E-Mail-Konto eine Anwendung erstellen
- und wie Sie in einem solchen abgespeckten Fenster Befehle erteilen.

Kapitel-Wegweiser

Per Mausklick zur Homepage

Wenn Sie ein neues Register öffnen, wird eine Seite angezeigt, die Verweise zu besonders häufig von Ihnen besuchten Seiten, Suchmaschinen, zuletzt gespeicherten Lesezeichen sowie kürzlich geschlossenen Registern enthält.

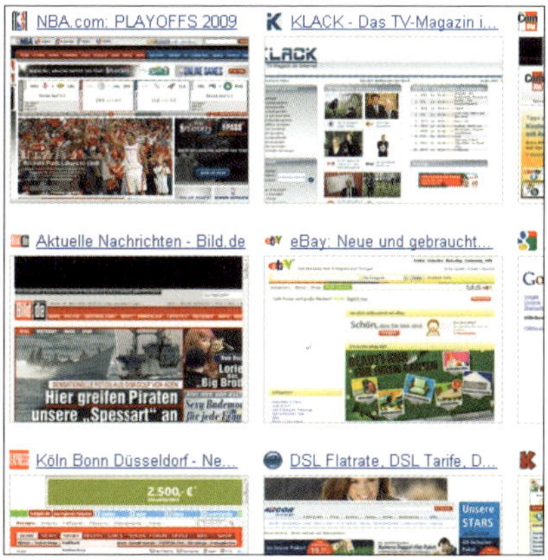

Diese Seite wird in Chrome als „Neuer Tab" bezeichnet. Standardmäßig ist diese Seite gleichzeitig die sogenannte Homepage (ein anderes Wort für Startseite). Das bedeutet: Mit der **Tastenkombination** Alt und Pos1 können Sie jederzeit zu dieser Seite zurückkehren. Wenn Sie sich diese Tastenkombination nicht merken wollen, können Sie auch ein zusätzliches Navigationssymbol einfügen.

1 Klicken Sie dazu als Erstes auf das Schraubenschlüsselsymbol

,

dann auf den Eintrag ●

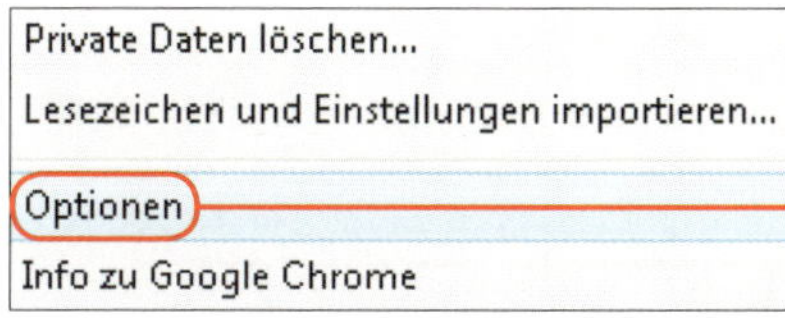

und schließlich auf den Registerreiter ●.

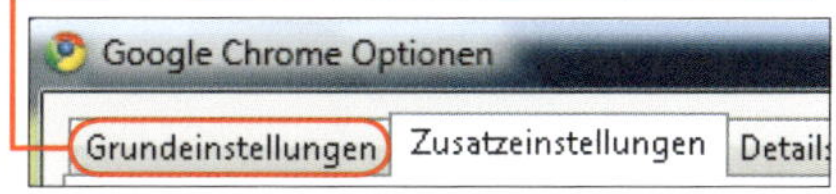

2 In diesem Registerfenster können Sie das Startverhalten von Chrome im Detail regeln. Wie Sie sehen, wird standardmäßig die Homepage geöffnet: ●. Was es mit den beiden anderen Optionen auf sich hat, wird Ihnen später erläutert. Zudem ist als Homepage die eingangs erwähnte Seite namens „Neuer Tab" festgelegt: ●.

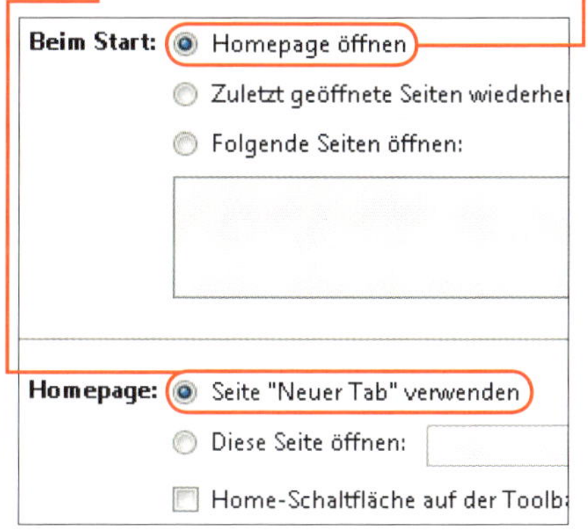

Die Alternative lernen Sie im folgenden Abschnitt kennen. Zunächst geht es nur darum, ein zusätzliches Navigationssymbol einzufügen. Klicken Sie also in das Kästchen,

☐ Home-Schaltfläche auf der Toolbar anzeigen

um einen Haken hineinzusetzen,

☑ Home-Schaltfläche auf der Toolbar anzeigen

und danach auf die Schaltfläche

[Schließen].

3 In der Navigationsleiste erscheint daraufhin ein Haussymbol: .

Ganz gleich, auf welcher Seite Sie sich gerade befinden: Ein Mausklick auf dieses Symbol bringt Sie umgehend zur Homepage zurück, in der Grundeinstellung also zur Seite „Neuer Tab“.

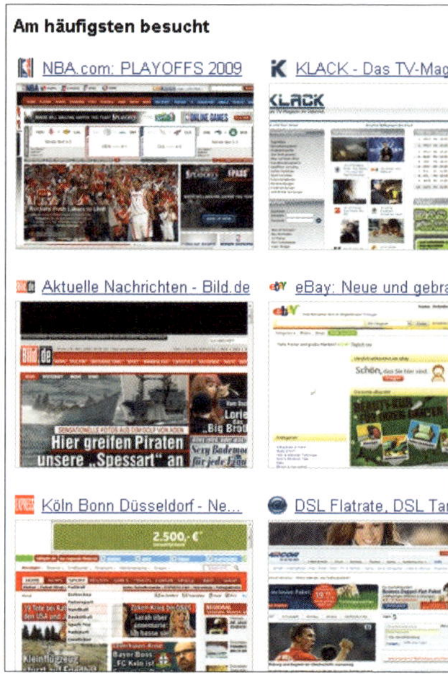

Eine Internetseite als Homepage festlegen

Auch wenn die Seite „Neuer Tab“ standardmäßig als Homepage festgelegt ist, können Sie natürlich davon abweichen und eine beliebige andere Internetseite zur Startseite machen.

1 Wiederholen Sie zunächst Schritt 1 des vorigen Abschnitts, um das Optionen-Register „Grundeinstellungen“ zu öffnen. Klicken Sie dort in den Kreis,

Homepage: ◉ Seite "Neuer Tab" verwenden
◯ Diese Seite öffnen:

um den Auswahlpunkt an die entsprechende Position zu versetzen: ●.

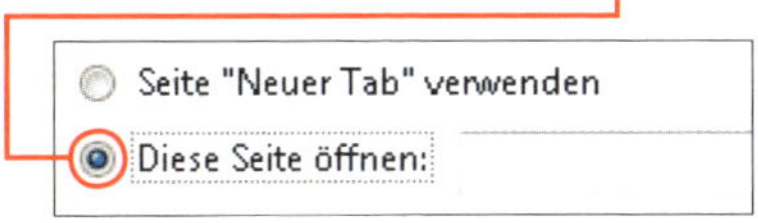

2 Im Feld rechts daneben tippen Sie jetzt einfach die Internetadresse ein, die Sie sich als Homepage wünschen, beispielsweise ●.

Danach genügt wieder ein Mausklick auf die Schaltfläche

.

3 Wenn Sie künftig auf das Haussymbol klicken oder die Tastenkombination [Alt] und [Pos1] drücken, wird umgehend die eingestellte Seite geladen, im Beispiel also die COMPUTER BILD-Seite.

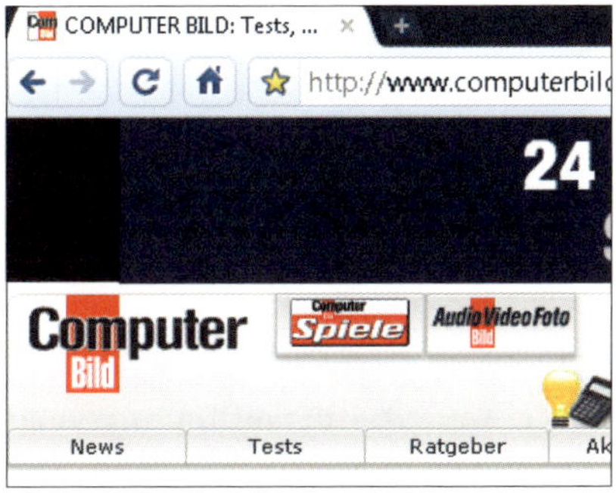

Die COMPUTER BILD-Seite wird auch nach dem Programmstart sofort angezeigt. Schließlich ist das Startverhalten derzeit noch so eingestellt, dass sofort die Homepage aufgerufen wird - und das ist ja jetzt nicht mehr die Seite „Neuer Tab“.

Seiten automatisch beim Programmstart öffnen

Nach dem Programmstart öffnet Chrome sofort die Homepage. Das ist entweder die Seite „Neuer Tab“ oder eine bestimmte Internetseite, die Sie zuvor ausgewählt haben (siehe vorigen Abschnitt). Sie können jedoch auch festlegen, dass Chrome nicht die Homepage öffnet, sondern stattdessen mehrere Internetseiten.

1 Rufen Sie zunächst wieder, wie in Schritt 1 auf Seite 107 gezeigt, das Optionen-Register „Grundeinstellungen“ auf. Klicken Sie dann in den Kreis ●,

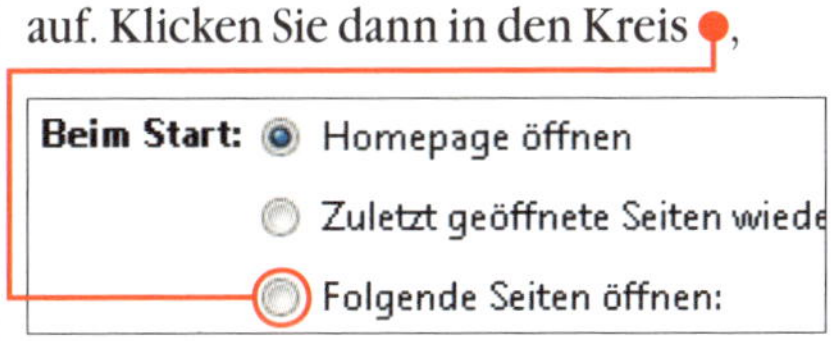

um den Auswahlpunkt hineinzusetzen: ●.

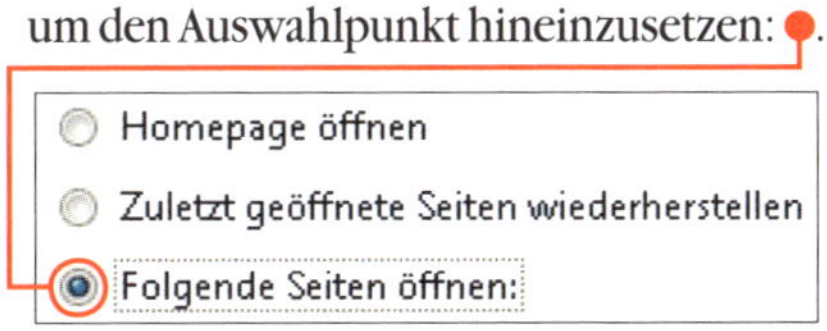

2 Im Feld darunter werden gleich die Seiten auftauchen, die nach dem Programmstart geöffnet werden sollen: ●. Als Erstes klicken Sie jedoch rechts davon auf die Schaltfläche ●.

Im Fenster, das daraufhin angezeigt wird, tippen Sie jetzt die Adresse ein, beispielsweise ●,

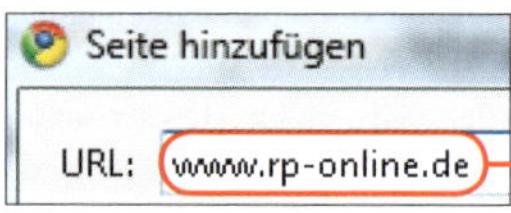

und klicken danach auf

Hinzufügen.

Die Adresse erscheint umgehend im erwähnten Feld: ●.

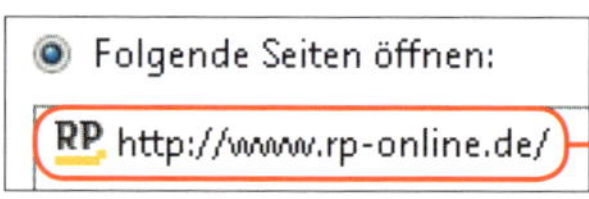

3 Sie können nun noch weitere Seiten hinzufügen. Sollten Sie die betreffende Seite erst kürzlich besucht haben, können Sie sich das Eintippen der Adresse sogar ersparen. Klicken Sie zunächst wieder auf

Hinzufügen... .

Statt die Adresse einzutippen, markieren Sie jetzt aber im rechten Fensterbereich die Internetseite, die Sie mitaufnehmen wollen, etwa ●,

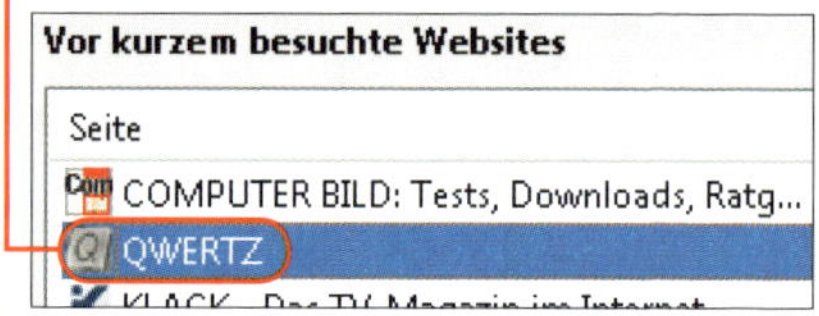

und klicken dann erneut auf die Schaltfläche

Hinzufügen.

Die Adresse wird dadurch übernommen: ●.

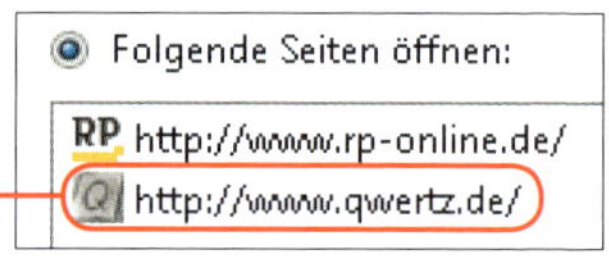

Da Sie das Optionen-Fenster nicht mehr benötigen, klicken Sie dann auf

Schließen.

4 Beim nächsten Programmstart werden die beiden ausgewählten Seiten sofort geladen: ●.

Die Homepage bleibt jedoch unverändert. Das bedeutet, per Mausklick auf das Symbol

wird im Beispiel die COMPUTER BILD-Seite geladen.

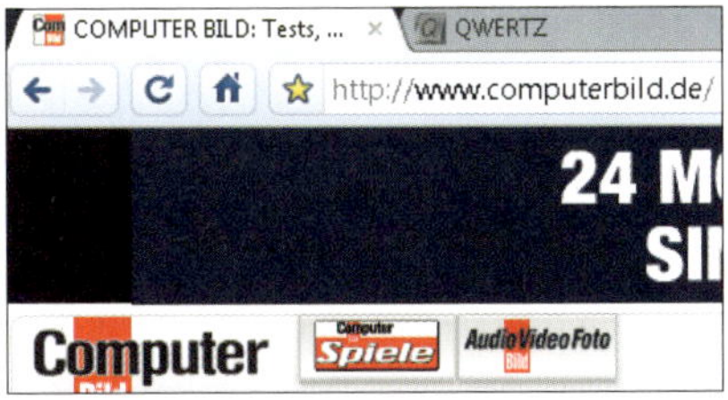

Arbeitssitzungen fortsetzen

Es gibt noch eine weitere Variante, wie sich Chrome beim Start verhalten soll: So können Sie zum Beispiel auch festlegen, dass beim Start die Seiten aufgerufen werden, die beim Beenden des Programms geöffnet waren.

1 Setzen Sie dazu im Register „Grundeinstellungen" des Optionen-Fensters (siehe Schritt 1 auf Seite 107) per Mausklick einen Punkt in den zweiten Kreis ●,

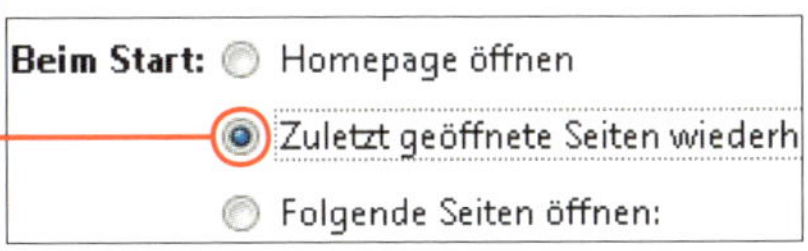

und klicken Sie anschließend einfach wieder auf

.

2 Die Seiten, die Sie geöffnet haben, wenn Sie Chrome beenden, hier ●,

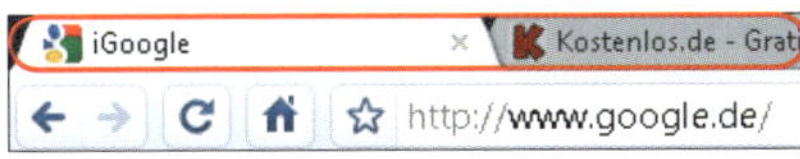

werden dann beim nächsten Programmstart automatisch geladen, im Beispielfall die Seiten Google.de und Kostenlos.de. Sie können Ihre Arbeit also nahtlos wieder aufnehmen, ohne erst den Verlauf zu Rate ziehen zu müssen.

Chrome als Standard-Browser festlegen

Da Sie als Betriebsprogramm Windows benutzen, befindet sich der Internet Explorer automatisch auf Ihrem Rechner. Möglicherweise haben Sie sogar noch weitere Browser-Programme installiert. Einen davon können Sie als Standard-Browser verwenden. Das bedeutet: Wenn Sie einen Link in einer E-Mail oder einem Textdokument anklicken, wird die betreffende Seite mit diesem Standard-

Browser angezeigt. Sonst hat das keine weitere Bedeutung.

1 Es gibt verschiedene Möglichkeiten, wie Sie Chrome als Standard-Browser einrichten können. Zum einen lässt sich das gleich bei der **Installation** (siehe Kapitel 1) erledigen. Aber auch später ist es jederzeit möglich.

2 Besonders einfach geht die Festlegung zum Standard-Browser normalerweise gleich nach dem Programmstart. Dann erscheint nämlich eine entsprechende Nachfrage,

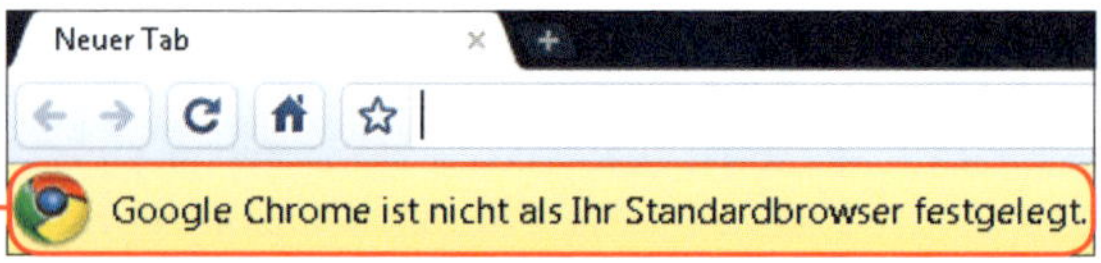

und Sie brauchen bloß noch auf die Schaltfläche zu klicken. Per Mausklick auf können Sie die Entscheidung vertagen.

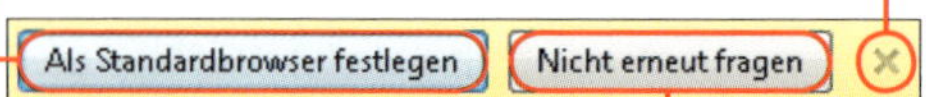

Und damit die Meldung gar nicht mehr angezeigt wird, klicken Sie einfach auf .

3 Sollten Sie sich dann später doch dafür entscheiden, Chrome als Standard-Browser zu verwenden, klicken Sie zunächst auf

und dann auf den Eintrag

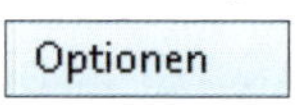

und holen schließlich per Klick auf den Registerreiter

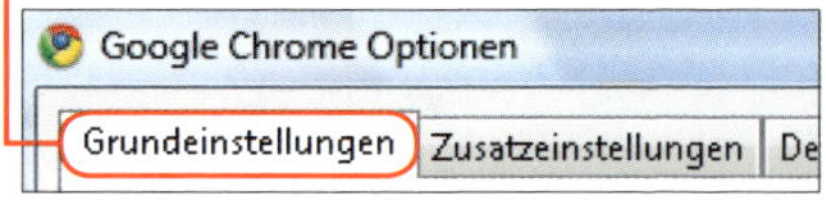

das entsprechende Fenster in den Bildschirmvordergrund.

4 Auf diesem Register klicken Sie auf die Schaltfläche

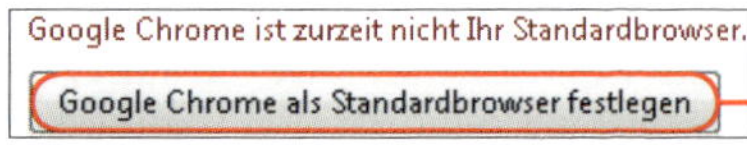

und bestätigen die erscheinende Nachfrage der **Benutzerkontensteuerung** mit einem Mausklick auf

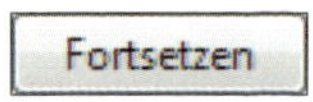

.

Das war es auch schon. Im Optionen-Fenster ist jetzt eine entsprechende Erfolgsmeldung zu sehen ,

und Sie können auf die Schaltfläche

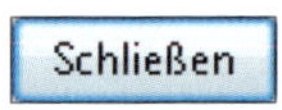

klicken.

5 Und so wirkt sich das Ganze aus: Stellen Sie sich zum Beispiel vor, Sie erhalten von Ebay neue Angebote per E-Mail zugesandt. Wenn Sie in einer solchen

Nachricht auf einen Link klicken, hier ●,

wird nun automatisch Chrome gestartet, und die dazugehörige Seite wird gleich geladen.

6 Falls Sie wieder einen anderen Browser als Standard verwenden möchten, brauchen Sie nicht in Chrome nach einer entsprechenden Einstellung zu suchen. Denn wie Chrome das auch getan hat, fragen andere Browser-Programme beim Start ebenfalls nach. So sieht das entsprechende Dialogfenster beispielsweise im Internet Explorer aus:

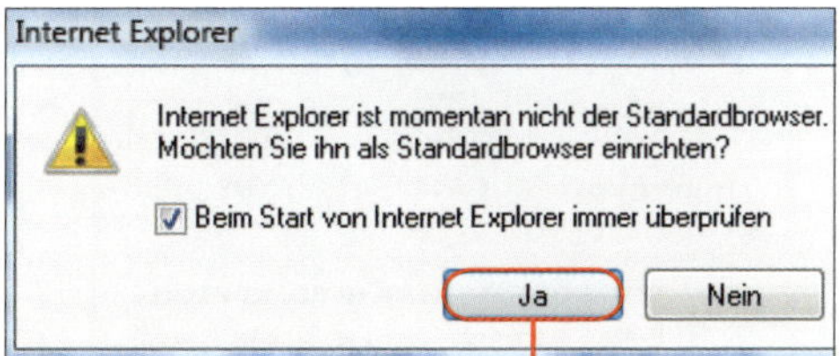

Dort müssten Sie nur auf ● klicken, um die genannte Einstellung zu ändern.

Ein Programmfenster für den Internetzugriff erstellen

Gesetzt den Fall, Sie verfügen über ein **Webmail**-Konto, beispielsweise bei Arcor, und wickeln Ihren E-Mail-Verkehr **online** ab. Da liegt es in der Natur der Sache, dass Sie die entsprechende Internetseite sehr häufig aufrufen. Nun könnten Sie natürlich in Chrome ein entsprechendes Lesezeichen anlegen, über das ein rascher Zugriff darauf möglich wäre. Es geht aber noch eleganter: Sie erstellen sich eine Art virtuelles E-Mail-Programm, also sozusagen ein eigenes Programmfenster, in dem Sie die gewünschte Internetseite zur Anzeige bringen. Möglich machen das Webanwendungen, die sich mit Chrome anlegen lassen. Diese können Sie wie ein ganz normales Programm starten. Befehlssymbole und Navigationselemente suchen Sie in so einem Chrome-Spezialfenster vergeblich. Umso mehr Platz haben Sie für die eigentliche Anwendung zur Verfügung.

1 Rufen Sie zunächst ganz normal mit Chrome Ihr E-Mail-Konto auf, und loggen Sie sich ein.

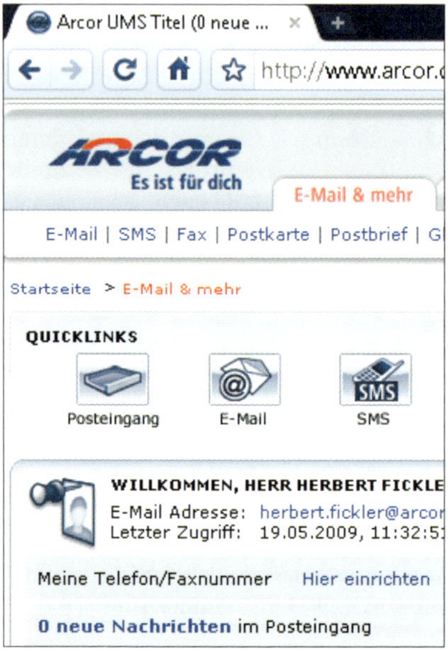

2 Klicken Sie dann in der Navigationsleiste auf das Symbol

und anschließend in der aufklappenden Auswahlliste auf den Befehl.

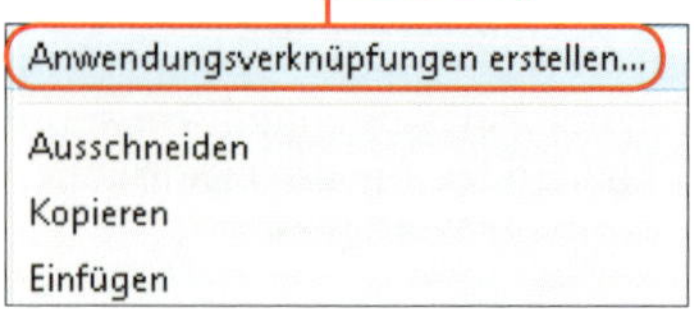

3 Per Mausklick legen Sie nun die künftigen Startmöglichkeiten der Webanwendung fest, beispielsweise. Zur Bestätigung Ihrer Entscheidung reicht ein Klick auf die Schaltfläche.

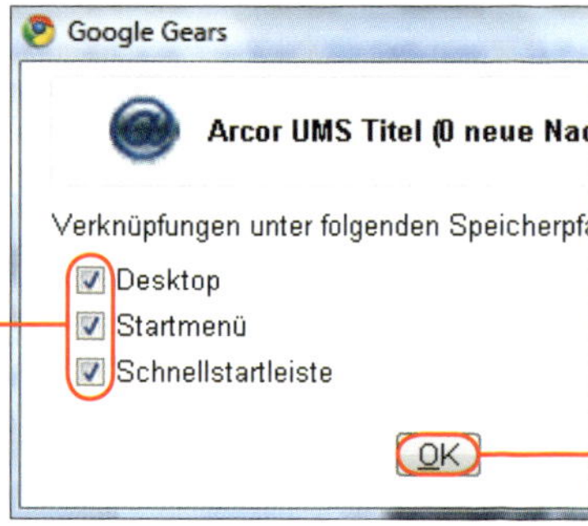

4 Das war es auch schon. Wenn Sie die E-Mail-Anwendung mit einer der erwähnten Verknüpfungen (z. B. auf dem Desktop) starten, sind im *Chrome-Fenster* nun alle Befehlssymbole und Navigationselemente verschwunden. Die Navigationselemente *der Internetseite* funktionieren aber nach wie vor ganz normal.

Chrome insgesamt ist davon natürlich nicht betroffen. Starten Sie Chrome ein zweites Mal, sieht das Programm ganz normal aus.

Die Webanwendung starten

Im Schritt 3 des vorigen Abschnitts haben Sie festgelegt, wie Ihre selbst gebastelte E-Mail-Anwendung gestartet werden soll. Im Beispiel hatten Sie sich dafür entschieden, alle drei Varianten zu wählen. Sie haben also ein **Desktop**-Symbol erstellt sowie Verknüpfungen im Startmenü und in der Schnellstartleiste angelegt.

1 Auf dem Desktop befindet sich daher ein neues Symbol. Wollen Sie künftig die E-Mail-Anwendung starten, brauchen Sie nur doppelt darauf zu klicken.

Natürlich müssen Sie sich dann noch durch die Eingabe von Benutzernamen und Passwort als zugangsberechtigt ausweisen.

Aber danach sind Sie auch schon in Ihrem Kontobereich.

2 Die zweite Möglichkeit, die E-Mail-Anwendung zu starten, geht so: Klicken Sie als Erstes auf das Startsymbol

,

dann im geöffneten Startmenü auf

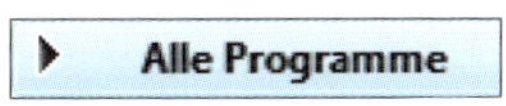

und schließlich auf den Eintrag .

3 Oder Sie wählen die Blitzvariante mithilfe der Schnellstartleiste: Klicken

Sie also auf den Doppelpfeil

und anschließend auf .

4 Außer über die Verknüpfungen können Sie Ihre E-Mail-Anwendung auch starten, ohne die Finger von der Tastatur zu nehmen: Drücken Sie die Taste [Windows-Taste], öffnet sich das Startmenü. Da sich die **Einfügemarke** gleich im Suchfeld befindet, brauchen Sie nur den Begriff

einzutippen. Es wäre purer Zufall, wenn der passende Eintrag nun *nicht* ganz oben erscheinen würde. In aller Regel, wie auch im Beispielfall, taucht dort jedoch Ihr „E-Mail-Programm“

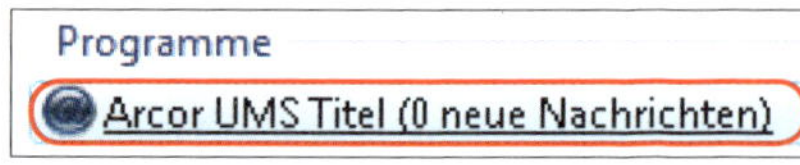

auf, und Sie brauchen nur noch die Taste [↵] zu drücken.

Navigieren in einem Anwendungsfenster

In einem Anwendungsfenster wie Ihrem selbst erstellten E-Mail-Programm sind keinerlei Navigationssymbole zu sehen. Das heißt aber nicht, dass gar keine Steuerbefehle zur Verfügung stehen.

1 Um Zugriff darauf zu erhalten, klicken Sie im Anwendungsfenster in der Titelleiste auf das Symbol ganz links .

Anschließend öffnet sich eine Befehlsauswahl. Mithilfe der Befehle

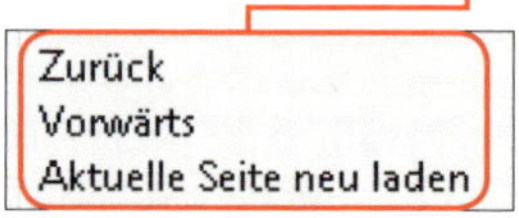

können Sie vor- und zurückblättern sowie die Seite neu laden.

2 Damit das Fenster kopiert wird, klicken Sie auf den Befehl

.

Die entsprechende Anwendung wird dann in einem separaten Fenster noch einmal geladen. Hier können Sie die Internetseite ungestört geöffnet halten und über die Taskleiste von Windows direkt darauf zugreifen, während Sie im Chrome-Fenster weitersurfen.

3 In einem Anwendungsfenster gibt es keine Adressleiste. Falls Sie die Adresse jedoch benötigen, um sie beispielsweise in einer E-Mail weiterzugeben, klicken Sie auf den Befehl

URL kopieren.

Die aktuelle Adresse wird dann - auch wenn sie nicht sichtbar ist - in die **Zwischenablage** kopiert. Von dort kann sie beispielsweise in einen E-Mail-Text oder ein Dokument eingefügt werden.

4 Aus Ihrer Anwendung heraus können Sie auch ein normales Chrome-Fenster öffnen. Sie brauchen dazu nur auf den Befehl

Browserfenster öffnen

zu klicken. Chrome startet daraufhin in einem separaten Fenster.

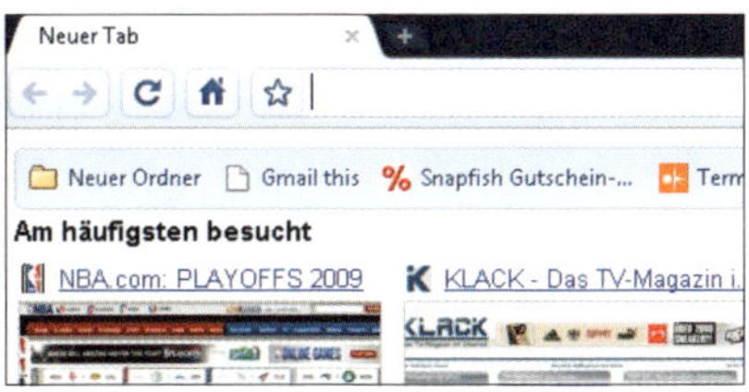

5 Auch das Durchsuchen der aktuellen Seite ist möglich. Nach einem Mausklick auf den Befehl

Auf Seite suchen

erscheint rechts das Suchfeld,

das Sie genauso verwenden können, wie auf Seite 61 ff. geschildert.

6 Sollte die Schrift auf der Seite zu klein und deshalb schlecht lesbar sein, klicken Sie auf

Zoom

und dann auf . Mit den beiden anderen Befehlen

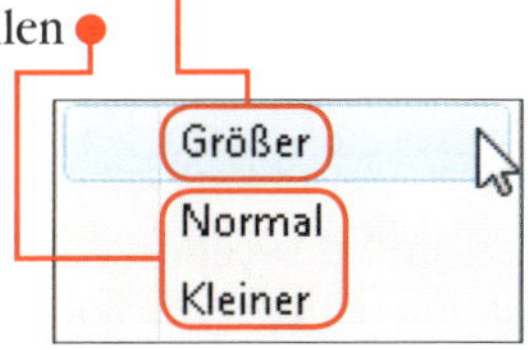

können Sie die Anzeige verkleinern beziehungsweise zur Originaldarstellung zurückkehren.

7 Das Speichern und das Ausdrucken der Seite sind ebenfalls möglich. Sie müssen nur den entsprechenden Befehl

Seite speichern unter...
Drucken...

anklicken (siehe dazu auch die Abschnitte auf Seite 124 und 126).

8 Sehr viele Befehle in Chrome können Sie auch mithilfe von Tastenkombinationen erteilen. Diese funktionieren in einem Anwendungsfenster ebenfalls. Drücken Sie also beispielsweise die Tastenkombination Strg und F, öffnet sich das Suchfeld. Oder Sie laden die Seite neu, indem Sie einfach auf die Taste F5 drücken.

8 Informationen archivieren

Das Internet ist ein gigantischer Wissensspeicher. Es gibt kaum ein Thema, zu dem sich im Netz keine Informationen finden lassen. Mithilfe von Lesezeichen können Sie interessante Fundstellen speichern und sich jederzeit erneut ansehen. Das Problem ist allerdings, dass viele Seiten permanent geändert werden oder ein Beitrag auch komplett verschwindet. Die Lösung besteht darin, dass Sie die entsprechende Internetseite einfach auf Ihrem Rechner speichern. Auch einzelne Elemente einer Internetseite, also etwa ein Textstück oder Bilder und Grafiken, können Sie auf Ihren PC überspielen.

Die Druckfunktion gehört zweifellos nicht zu den Stärken von Chrome. Eine Vorschaufunktion fehlt zurzeit noch, ebenso wie die Möglichkeit, Kopf- und Fußzeilen zu bearbeiten. Auch der ausschließliche Ausdruck eines markierten Textstückes ist noch nicht direkt möglich. Einfachere Aufgaben, wie etwa das Ausdrucken einer Bahnverbindung oder Ähnliches, klappen jedoch problemlos. Für anspruchsvollere Druckaufgaben sollten Sie aber am besten ein Textverarbeitungsprogramm wie etwa Word nutzen. Dann können Sie einfach die benötigten Informationen von der Internetseite mithilfe der Zwischenablage in ein beliebiges Dokument kopieren.

Im achten Kapitel dieses Buches erfahren Sie,

- wie Sie Text und Bilder mithilfe der Zwischenablage kopieren und in ein Dokument übernehmen,
- wie Sie Bilder und Grafiken auf Ihrem Rechner speichern können,
- wie Sie Internetseiten ausdrucken
- und wie Sie Internetseiten dauerhaft auf Ihrem Rechner archivieren.

Kapitel-Wegweiser

Text in einem Dokument speichern

Mithilfe der **Zwischenablage** können Sie beliebige Teile einer Internetseite kopieren und in ein eigenes Textdokument einfügen.

1 Angenommen, Sie möchten einen Teil eines **Wikipedia**-Artikels in einem eigenen Textdokument verarbeiten.

Klicken Sie an den Anfang des Textes, den Sie übernehmen wollen, etwa hierhin ●,

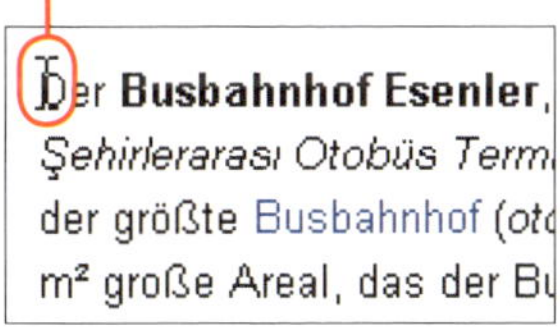

halten Sie die Maustaste gedrückt, und führen Sie mit weiterhin gedrückter Maustaste eine Ziehbewegung ans Ende des Textstückes aus,

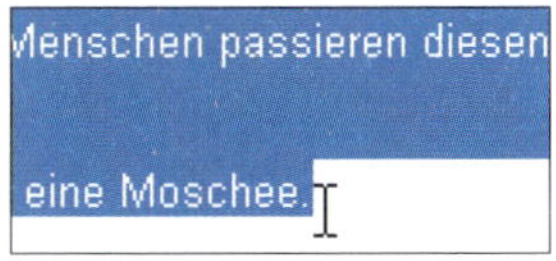

Dadurch markieren Sie das Textstück, und im Beispiel auch das Bild, das sich darin befindet: ●.

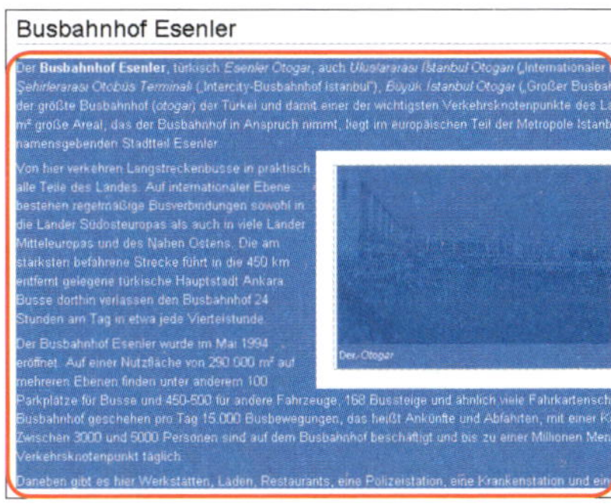

Sie können die Maustaste jetzt loslassen.

2 Danach klicken Sie mit der rechten (!) Maustaste auf eine beliebige Stelle der Markierung. Im Kontextmenü, das daraufhin erscheint, folgt ein Mausklick auf den Befehl ●.

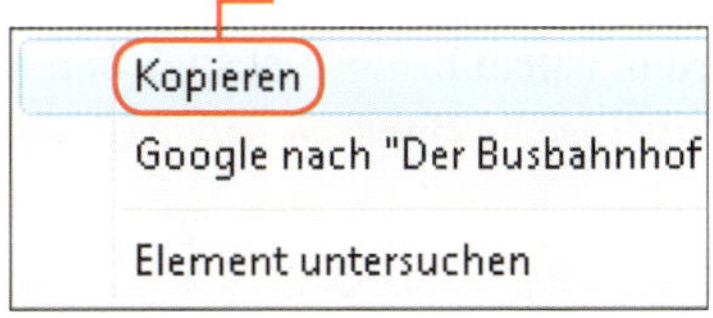

Alternativ können Sie auch die **Tastenkombination** [Strg] und [C] drücken. Text und Bild befinden sich nun in der Zwischenablage.

3 Öffnen Sie als Nächstes Ihr Textverarbeitungsprogramm und das Dokument, in das der Wikipedia-Artikel eingefügt werden soll.

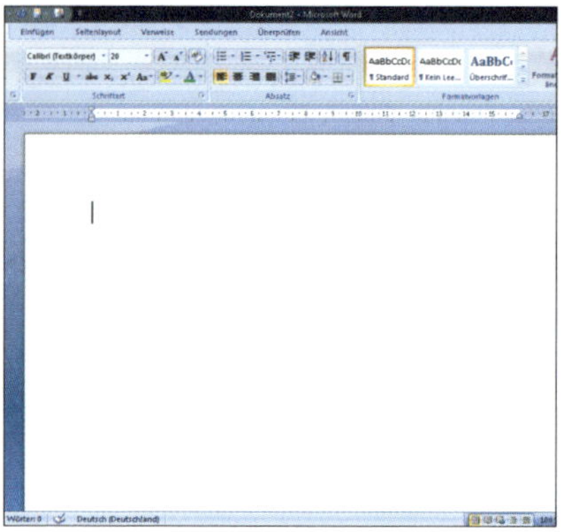

Sobald Sie mit der rechten (!) Maustaste in das Dokument und dann auf

klicken, werden Text und Bild aus der Zwischenablage eingefügt.

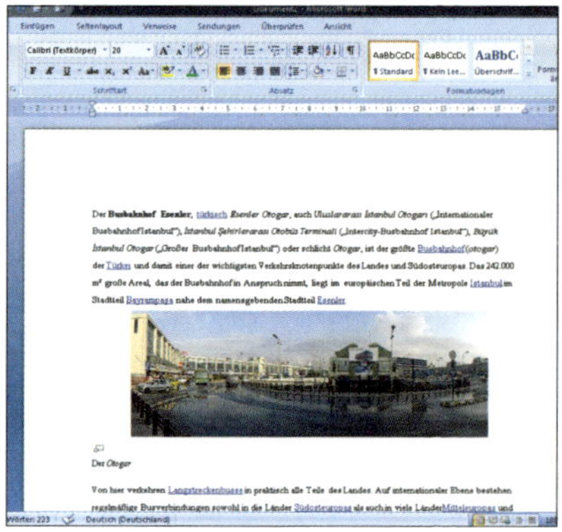

Das Einfügen aus der Zwischenablage funktioniert auch in diesem Fall mit der Tastenkombination [Strg] und [V].

Formatierung ändern

Wenn Sie einen Text aus der Zwischenablage einfügen, behält er normalerweise seine **Formatierung** bei. Daher passen Schriftart und -größe meist nicht zum bereits vorhandenen Text. Das können Sie aber schnell ändern.

1 Im Beispielfall weist das Word-Dokument folgende Formatierung auf,

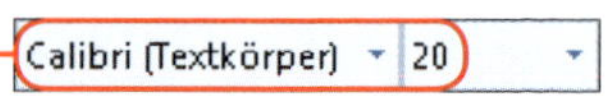

der eingefügte Text von der Internetseite jedoch .

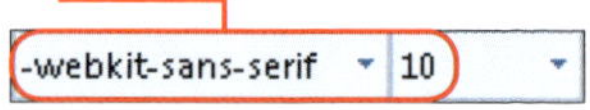

Die Formatierung des eingefügten Textes lässt sich ganz leicht anpassen. Nach dem Einfügen aus der Zwischenablage erscheint am Ende des Textes ein Symbol: ●.

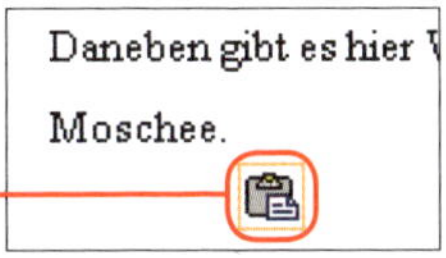

Führen Sie den Mauszeiger darüber, taucht rechts daneben ein nach unten weisender Pfeil auf: ●.

2 Damit sich der eingefügte Text an die Dokumentformatierung anpasst, öffnen Sie per Mausklick auf diesen Pfeil ● eine Auswahlliste und wählen darin den Befehl ●.

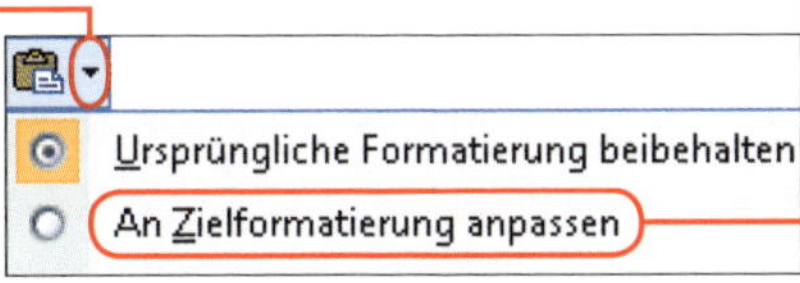

Das Ergebnis im Beispiel: ●.

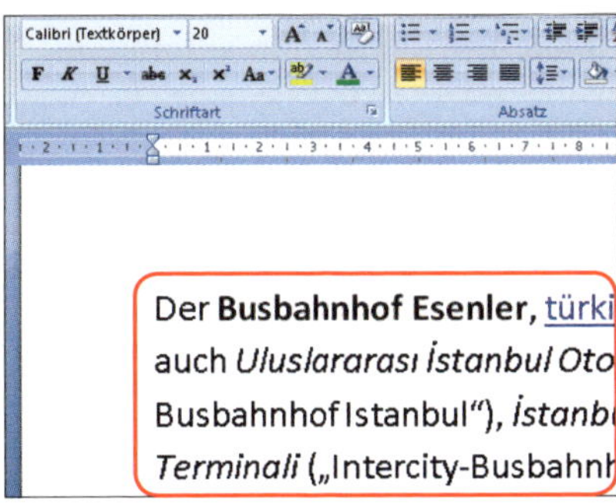

Das Bild wird ebenfalls eingefügt.

3 Wenn Sie in der Befehlsauswahl des vorigen Schrittes statt auf ● hingegen auf den Befehl ●

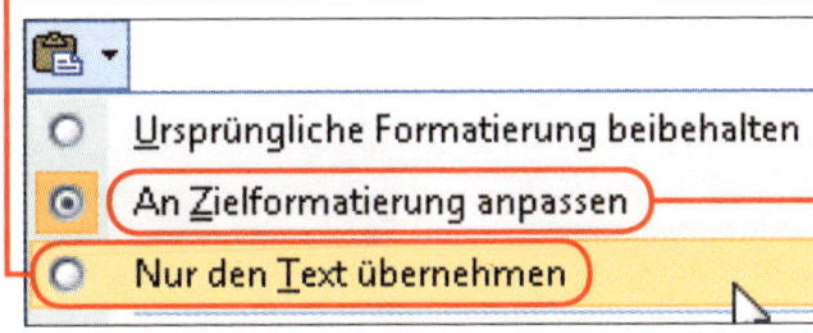

klicken, ist das nicht der Fall. Dann wird ausschließlich der Text eingefügt, Bilder und Grafiken dagegen nicht.

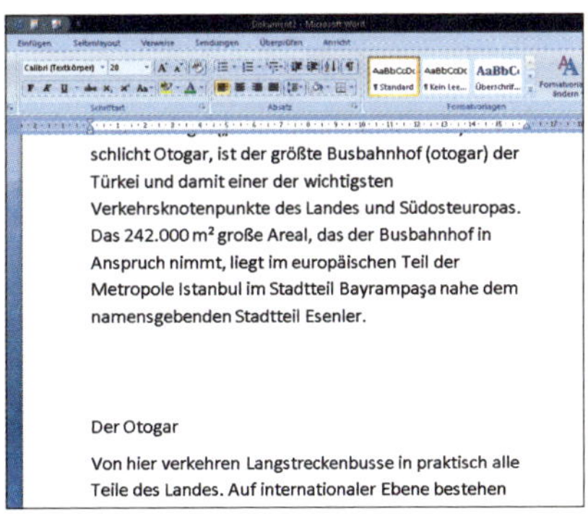

Bild als Datei auf dem Rechner speichern

Sie können ein Bild von einer Internetseite auch als Datei auf Ihrem Rechner speichern. Als Beispiel dient wieder der Wikipedia-Artikel des vorigen Abschnitts. Dieses Mal sind Sie am Text jedoch nicht interessiert, sondern möchten nur das Bild überspielen.

1 Klicken Sie dazu als Erstes mit der rechten (!) Maustaste auf das Bild, im Beispiel ●,

und im Kontextmenü, das sich daraufhin öffnet, auf den Befehl ●.

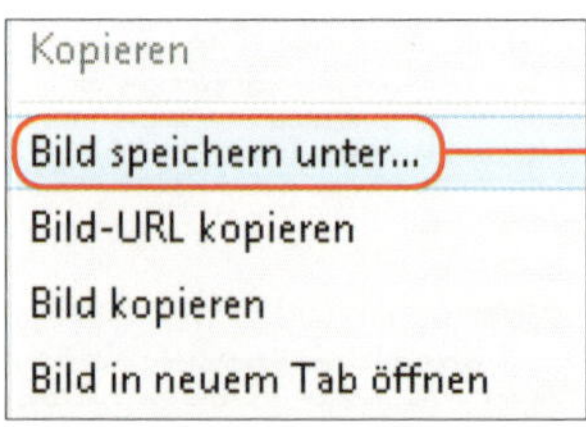

Was es mit den drei anderen Befehlen auf sich hat, erfahren Sie ab Schritt 3 dieser Anleitung.

2 Im nachfolgenden **Explorer**-Fenster bestimmen Sie nun den Speicherordner, in dem die Bilddatei abgelegt werden soll, beispielsweise ●.

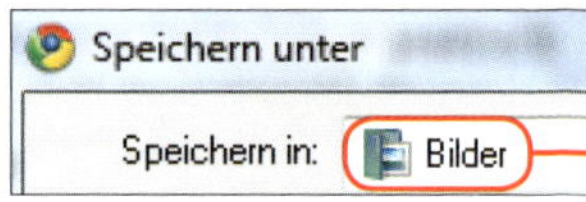

Ob Sie den vorgeschlagenen Namen beibehalten oder überschreiben ●,

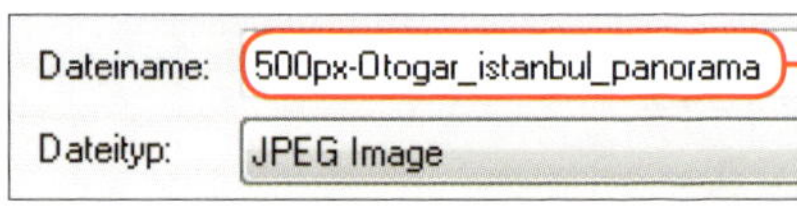

bleibt Ihnen überlassen. Mit einem Klick auf die Schaltfläche

laden Sie dann das Bild herunter. Links unten im Chrome-Programmfenster wird – wie bei jedem Download – angezeigt, um welche Bilddatei genau es sich dabei handelt: ●.

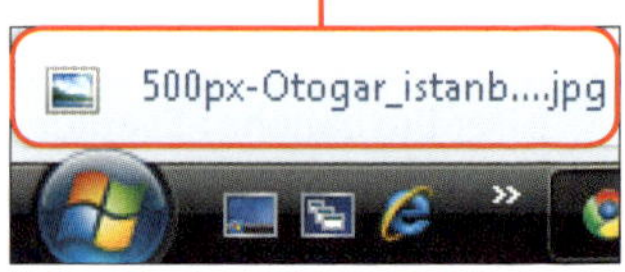

In der Liste der überspielten Dateien erscheint das Bild ebenso: .

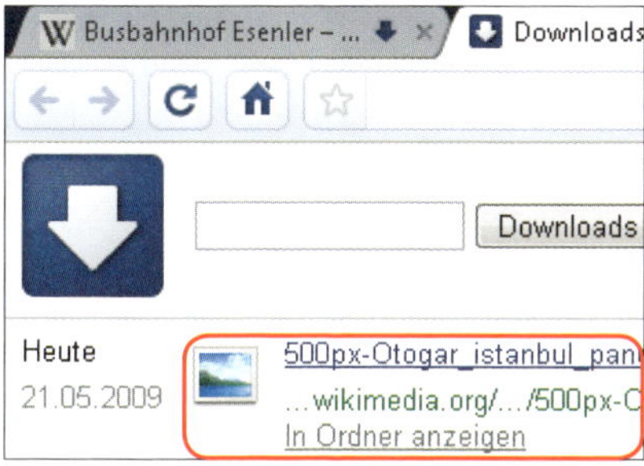

3 Wenn Sie im Kontextmenü von Schritt 1 dagegen auf den Befehl

Bild kopieren

klicken, wird das Bild in die Zwischenablage kopiert. Von dort können Sie es in ein beliebiges Dokument einfügen, wie im vorigen Abschnitt beschrieben. Der Unterschied besteht darin, dass die Zwischenablage nur ein temporärer Speicher ist. Wenn Sie das Bild dauerhaft auf Ihrem Rechner überspielen wollen, gehen Sie vor, wie in den Schritten 1 und 2 gezeigt.

4 Um nicht das *Bild*, sondern die *Internetadresse des Bildes* in die Zwischenablage zu kopieren, klicken Sie im Kontextmenü von Schritt 1 auf den Befehl

Bild-URL kopieren .

Diesen Link können Sie jetzt beispielsweise in ein Dokument oder eine E-Mail-Nachricht einfügen. Wird der Link zum Beispiel vom E-Mail-Empfänger angeklickt, hier ,

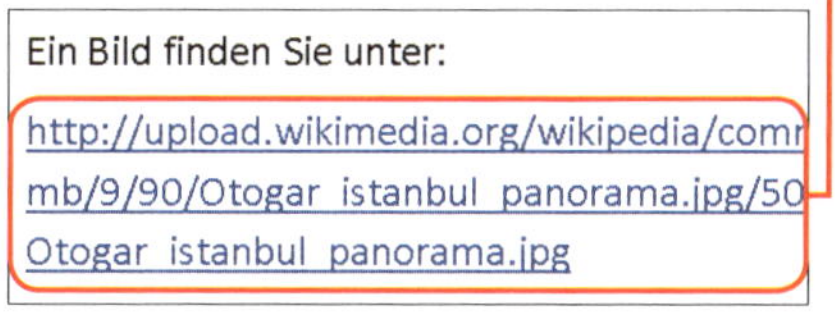

wird das Bild sofort in dessen Standard-Browser geöffnet.

5 Sie können sich ein Bild auch in einem separaten Register anzeigen lassen. Klicken Sie dazu nach einem Rechtsklick in Schritt 1 im aufklappenden Kontextmenü auf

Bild in neuem Tab öffnen .

Dann wird lediglich das Bild auf einem neuen Register angezeigt.

Seiten ausdrucken

Es gibt Situationen, in denen Sie einzelne Internetseiten auch als Ausdruck benötigen. Damit solche Seiten zu Papier gebracht werden, gehen Sie wie folgt vor:

1 Rufen Sie zunächst die Seite auf, die Sie ausdrucken möchten, und klicken Sie dann auf das Symbol

sowie anschließend auf den Befehl ●.

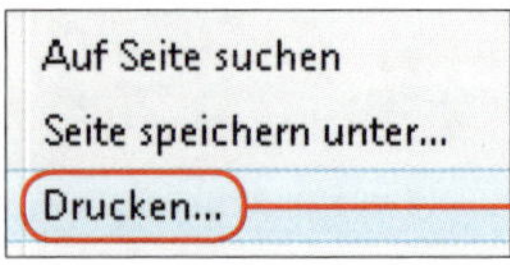

Stattdessen können Sie auch die Tastenkombination Strg und P drücken.

2 Im Druck-Dialogfenster, das sich daraufhin öffnet, wählen Sie per Mausklick den Drucker aus, der verwendet werden soll, beispielsweise ●.

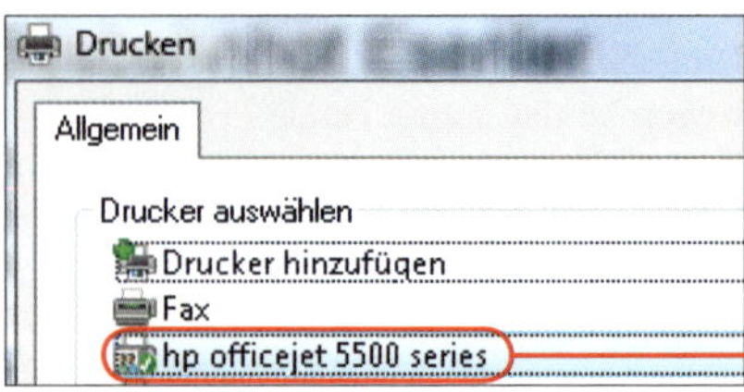

3 Als Nächstes bestimmen Sie den Druckbereich. Die Einstellung ● bewirkt, dass die Internetseite komplett ausgedruckt wird. Alternativ können Sie nach einem Mausklick auf ●

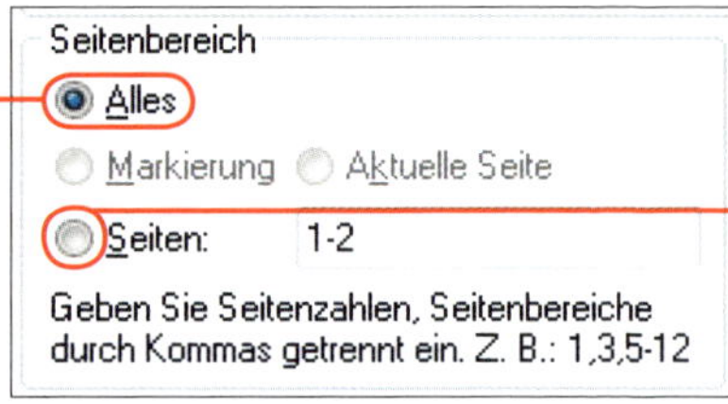

auch nur bestimmte Seiten ausdrucken. Die beiden anderen Druckvarianten stehen *nicht* zur Verfügung. Wenn Sie also nur einen Teil einer Internetseite ausdrucken möchten, müssen Sie diesen erst in ein Textdokument kopieren, wie auf Seite 119 gezeigt, und dann die Druckfunktion des Textverarbeitungsprogramms nutzen. Das ist nicht die einzige Einschränkung der Chrome-Druckfunktion: Auch eine Druckvorschau suchen Sie zurzeit vergeblich. Es ist aber gut möglich, dass die Chrome-Programmierer hier in künftigen Versionen nachbessern.

4 Im Feld neben dem Eintrag „Anzahl Exemplare" ● können Sie eingeben, wie viele Exemplare ausgedruckt werden sollen. Falls Sie den Haken im Kästchen ●

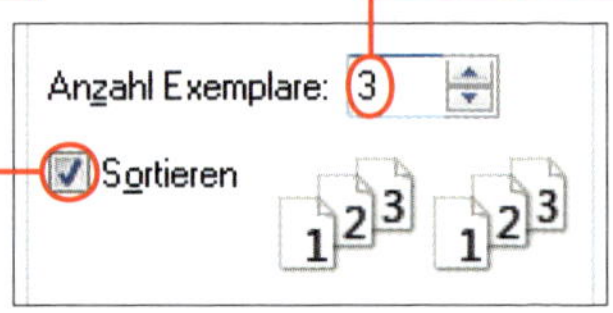

stehen lassen, werden die Ausdrucke sortiert ausgegeben. Entfernen Sie den Haken per Mausklick, wird im Beispielfall erst die erste Seite dreimal ausgedruckt, dann die zweite und schließlich die dritte.

5 Je nach verwendetem Drucker stehen Ihnen weitere Druckoptionen zur Verfügung. Um das entsprechende Fenster zu öffnen, klicken Sie auf die Schaltfläche

.

Wenn Sie zum Beispiel aus Kostengründen auf Farbe verzichten möchten, können Sie im Register

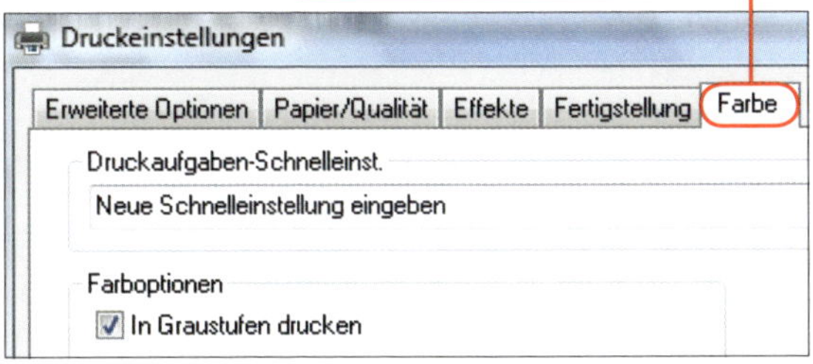

festlegen, dass der Ausdruck nur in Schwarz-Weiß erfolgt.

6 Weitere Einstellungen können Sie vornehmen, wenn Sie mit einem Mausklick das Register

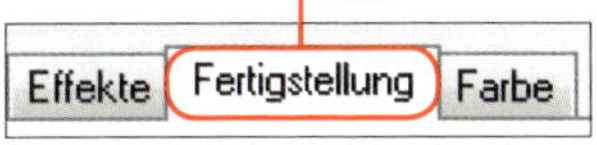

in den Bildschirmvordergrund geholt haben. Dort können Sie beispielsweise festlegen, dass mehrere Seiten auf einem Blatt ausgedruckt werden

oder dass die Internetseite im Querformat ausgedruckt wird.

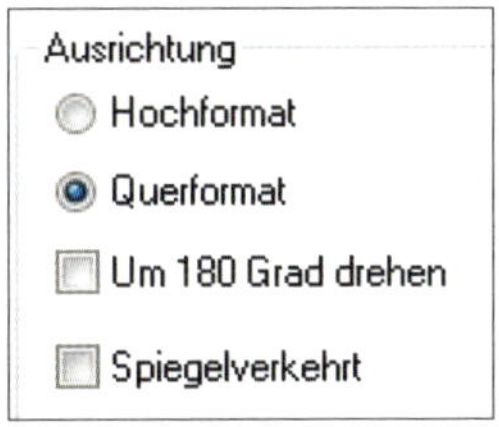

Ein Vorschaubild zeigt Ihnen, wie der Ausdruck aktuell aussehen würde.

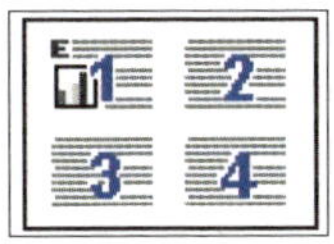

7 Nachdem Sie alle Einstellungen wunschgemäß vorgenommen haben, brauchen Sie zur Bestätigung nur noch auf die Schaltfläche

zu klicken. Sie landen dann wieder im Drucken-Dialog. Um den Druck schließlich auszulösen, genügt ein Mausklick auf

.

Internetseite speichern

Selbstverständlich ist es auch möglich, Internetseiten auf dem eigenen Rechner zu speichern. Diese können Sie dann auch ansehen, wenn Sie nicht mit dem Internet verbunden sind! So können Sie beispielsweise Ihren **Laptop** mit Lesestoff für eine Bahnreise füttern.

1 Rufen Sie zunächst wieder die Internetseite auf, die Sie speichern möchten, im Beispiel ●,

und klicken Sie dann in der Navigationsleiste auf das Symbol

sowie anschließend auf den Befehl ●.

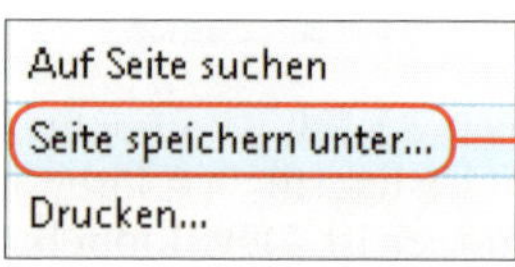

Alternativ können Sie auch die Tastenkombination Strg und S drücken.

2 Daraufhin erscheint ein Explorer-Fenster. Bestimmen Sie dort den Speicherort, beispielsweise Ihren Dokumente-Ordner ●.

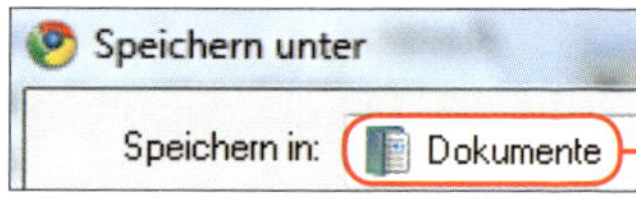

Den automatisch angezeigten Namensvorschlag, im Beispiel ●,

können Sie beibehalten und gleich auf

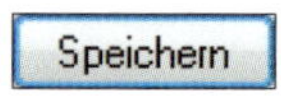

klicken. Dann wird die Seite auf Ihrem Rechner gespeichert.

3 Diese Seite können Sie sich von nun an jederzeit ansehen. Das geht sogar dann, wenn Sie gerade nicht mit dem Internet verbunden sind – schließlich befindet sich die Seite ja auf Ihrem Rechner. Klicken Sie also einfach auf das Startsymbol

und auf

,

um Ihren Dokumente-Ordner zu öffnen (vorausgesetzt natürlich, dass Sie die

Seite hier gespeichert haben, wie im letzten Schritt geschildert).

4 Im geöffneten Explorer-Fenster brauchen Sie nur noch doppelt, also zweimal kurz hintereinander auf das entsprechende Symbol zu klicken, im Beispiel ●,

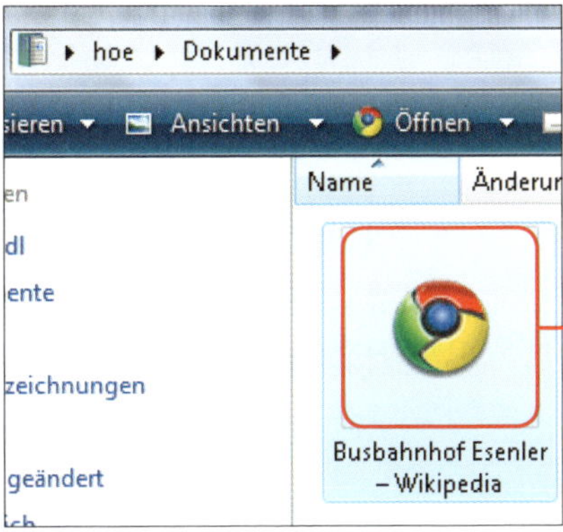

damit die Seite geöffnet wird. Sie sieht dann genauso aus wie in der Abbildung im Schritt 1.

5 Um Verwirrung zu vermeiden: Wenn Sie den Schritt 4 dieser Anleitung ausführen, kann das Dateisymbol auch anders aussehen, beispielsweise so: ●.

Eine verlinkte Seite speichern

Der Beispielartikel enthält jede Menge Verweise zu anderen Artikeln. Praktisch und angenehm ist, dass Sie diese gar nicht erst aufrufen müssen, um sie zu speichern. Klicken Sie nämlich mit der rechten (!) Maustaste auf einen Link, etwa ●,

brauchen Sie nur im aufklappenden Kontextmenü auf den Befehl ●

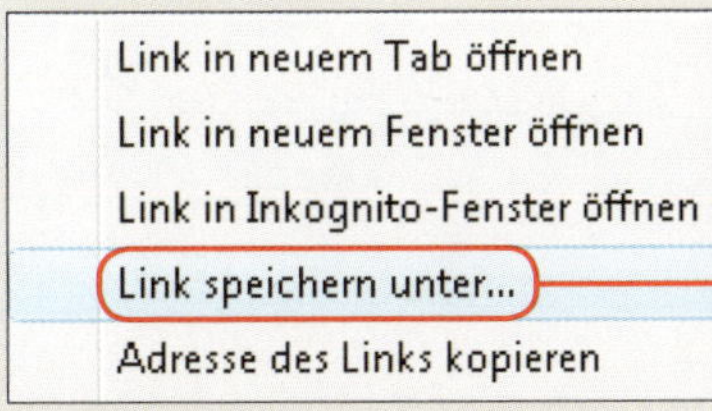

zu klicken. Die entsprechende Seite, im Beispiel also der Artikel über Ankara, wird dann auf Ihren Rechner überspielt und in dem von Ihnen ausgewählten Ordner – beispielsweise wie oben gezeigt im Dokumente-Ordner – gespeichert.

Das ist dann der Fall, wenn nicht Chrome, sondern der Internet Explorer Ihr Standard-Browser ist. Der Doppelklick auf das Symbol öffnet die Seite jedoch ebenfalls, nur eben mit dem Internet Explorer.

6 Was aber, wenn Sie die Seite partout mit Chrome ansehen wollen, obwohl der Internet Explorer Ihr Standard-Browser ist? Auch das geht: Starten Sie Chrome, und drücken Sie dann die Tastenkombination Strg und O. Aus dem Programmfenster heraus können Sie auf diese Weise ein Explorer-Fenster öffnen und so auf die Dateien Ihres Rechners zugreifen. Begeben Sie sich also einfach zum Speicherort ●,

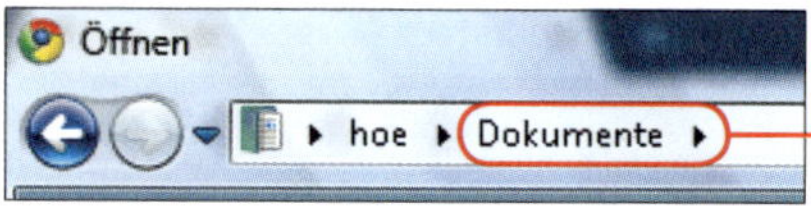

markieren Sie die Datei per Mausklick, hier ●,

und klicken Sie anschließend auf die Schaltfläche

.

Die Seite wird daraufhin wie gewünscht mit Chrome geöffnet.

Was ist eigentlich ...?

Ausloggen
Gegenteil von → Einloggen.

Benutzerkonto
Das Betriebsprogramm Windows Vista ermöglicht es, für jeden Benutzer des Rechners ein eigenes Konto anzulegen. Ein solches Benutzerkonto kann mit unterschiedlichen Rechten ausgestattet sein. Um beispielsweise Programme installieren zu können, benötigen Sie Administratorrechte.

Benutzerkontensteuerung
Bei der Benutzerkontensteuerung handelt es sich um ein Sicherheitssystem von Windows Vista. Damit wird sichergestellt, dass gravierende Änderungen am System nur ausgeführt werden können, wenn der Benutzer Administratorrechte besitzt.

Betriebsprogramm
Das ist das grundlegende Programm eines Computers, ohne das andere Programme nicht auf dem Rechner gestartet werden können. Das Betriebsprogramm stellt anderen Programmen seine Funktionen zur Verfügung. Da das Betriebsprogramm selbst aus mehreren Programmen mit unterschiedlichen Funktionen besteht, wird es häufig auch als Betriebssystem bezeichnet. Das aktuellste Microsoft-Betriebsprogramm heißt Windows Vista.

Was ist eigentlich ...?

Browser
Englischer Ausdruck für → Internet-Anzeigeprogramm oder Internet-Zugriffsprogramm.

CD
CD ist eine Abkürzung für „**C**ompact **D**isc“. Dabei handelt es sich um Speichermedien für digitale Daten. Auf eine CD passen ca. 700 bis 800 Megabyte. Mithilfe eines sogenannten Brenners können Sie selbst Daten auf eine CD schreiben. Die leeren CDs, die Sie dafür benötigen, nennt man Rohlinge.

Cookie
Manche Internetseiten legen sogenannte Cookies auf Ihrem Rechner an. Das sind kleine Dateien, mit deren Hilfe Sie beim nächsten Besuch der Seite wiedererkannt werden.

Datenbank
So wie Sie ein Textverarbeitungsprogramm mit einer Schreibmaschine, eine Tabellenkalkulation mit einer Rechenmaschine und ein Präsentationsprogramm mit einem Diaprojektor vergleichen können, ist eine Datenbank das elektronische Gegenstück zum guten alten Karteikasten. Die virtuellen Karteikarten nennt man Datensätze.

Datei
Alle Daten, mit denen Ihr Rechner arbeitet, sind in Dateien erfasst. Es gibt

Was ist eigentlich ...?

viele verschiedene Arten von Dateien, die beispielsweise Dokumente, Musik, Bilder oder Videos, aber auch gepackte Archive und ausführbare Programme enthalten. Achtung: In den Dateien, die Sie im Internet laden, können sich stets auch Schadprogramme verbergen. Daher ist es sinnvoll, sie vor dem Öffnen mit einem Virenscanner zu überprüfen.

Desktop
Der Desktop ist die Arbeitsoberfläche Ihres Rechners. Wenn Sie alle Programme geschlossen oder zumindest alle Fenster minimiert haben, sehen Sie den Desktop.

Doppelklick
Beim Doppelklick handelt es sich um eine Maustechnik, bei der Sie zweimal ganz kurz hintereinander mit der linken Maustaste klicken.

Download
Das Übertragen von Dateien aus dem Internet auf Ihren Rechner bezeichnet man als Download oder auch Herunterladen. Entsprechend nennt man das Überspielen einer Datei vom Rechner auf einen Internetspeicher als Upload oder Hochladen.

Einfügemarke
Die Einfügemarke ist meist als senkrechter blinkender Strich zu erkennen.

Was ist eigentlich ...?

Sie gibt an, an welcher Stelle Ihre nächste Eingabe erfolgt. Am einfachsten positionieren Sie die Einfügemarke per Mausklick. Die Einfügemarke wird auch als Cursor bezeichnet.

Einloggen
Viele Internetdienste, beispielsweise Ihr E-Mail-Anbieter, stellen Ihnen einen persönlichen Bereich zur Verfügung. Damit nicht jeder diesen Bereich einsehen kann, ist der Zugang zu diesem Bereich geschützt. Mithilfe eines Benutzernamens oder Ihrer E-Mail-Adresse in Verbindung mit einem Passwort können Sie sich als zugangsberechtigt ausweisen. Das Betreten eines solchen geschützten Bereichs wird als Einloggen oder Login bezeichnet. Das Verlassen entsprechend als Ausloggen oder Logout.

E-Mail
Die elektronische Post ist die wichtigste Kommunikationsform im Internet. Eine E-Mail-Adresse erhalten Sie meist von Ihrem Internet-Zugangsanbieter. Zudem gibt es viele Anbieter, bei denen Sie kostenlos ein E-Mail-Konto einrichten können, beispielsweise GMX (**www.gmx.de**), Arcor (**www.arcor.de**) oder Web.de (**www.web.de**).

Explorer
Als Explorer-Fenster bezeichnet man ein Arbeitsfenster, über das Sie auf die

Was ist eigentlich ...?

Ordner- und Dateistruktur Ihres Rechners zugreifen können.

Firewall
Eine Firewall (frei übersetzt: Brandschutzmauer) schützt Ihren Rechner vor Angriffen aus dem Internet. In Windows Vista ist eine Firewall integriert.

Formatierung
Die optische Gestaltung beispielsweise von Texteingaben wird als Formatierung bezeichnet.

Herunterladen, Hochladen
→ Download.

HTML
HTML („**H**yper**T**ext **M**arkup **L**anguage“) heißt die „Sprache“, in der Internetseiten geschrieben sind.

Hyperlink
→ Link.

Installation
Die meisten Programme müssen Sie auf Ihrem Rechner erst einrichten, bevor Sie damit arbeiten könnten. Diesen Vorgang bezeichnet man als Installation. Wenn Sie ein Programm aus dem Internet auf Ihren Rechner überspielen, liegt dieses meist in Form einer einzigen Datei vor, der sogenannten Installationsdatei. Im Namen der Installationsdateien kommen sehr häufig die Wörter „setup“ oder „install“ vor.

Internet-Anzeigeprogramm
Internet-Anzeigeprogramme werden häufig „Browser“ genannt. Diese Programme verstehen die → HTML-Sprache und ermöglichen es Ihnen, Internetseiten anzusehen.

Laptop
Ein Laptop ist ein Rechner, der für den mobilen Einsatz gedacht ist. Rechner, Bildschirm und Tastatur bilden dabei eine Einheit. Der Bildschirm dient nach dem Zusammenklappen gleichzeitig als Deckel.

Link
Link ist die gebräuchliche Kurzform für Hyperlink. So werden Verweise genannt, die Sie per Mausklick zu anderen Internetseiten oder anderen Stellen derselben Seite führen. Nicht nur Textstücke, sondern auch Bilder oder grafische Bedienelemente können „verlinkt“ sein.

Login / Logout
→ Einloggen.

Markierung
Mit einer Markierung legen Sie fest, worauf die nächste Aktion, die Sie durchführen wollen, angewendet werden soll.

Was ist eigentlich ...?

MP3

MP3 ist ein Kompressionsverfahren für Musikdateien. Musikdateien, die übers Internet vertrieben werden, liegen meist in diesem platzsparenden Format vor. Bei der → Konvertierung der Stücke einer Musik-CD ins MP3-Format kommt es zu kaum oder gar nicht hörbaren Qualitätsverlusten.

Online / offline

Sind Sie mit dem Internet verbunden, sind Sie online. Ist dies nicht der Fall, sind Sie offline.

PDF

PDF ist eine Abkürzung für „**P**ortable **D**ocument **F**ormat" (zu Deutsch etwa: „übertragbares Dokumenten-Format"). In diesem Format gespeicherte Dateien können mit dem Adobe Reader gelesen werden, der für praktisch alle Betriebsprogramme erhältlich ist.

Pfad

Den Speicherort einer Datei bezeichnet man als Pfad.

Phishing

Phishing ist ein Kunstwort, das für „**P**assword" und „F**ishing**" steht. Darunter versteht man den Versuch, in betrügerischer Absicht an Passwörter zu kommen. So werden Sie beispielsweise durch eine E-Mail auf eine Internetseite gelockt, die optisch so

Was ist eigentlich ...?

aufgemacht ist wie die Zugangsseite Ihrer Bank. Tippen Sie gutgläubig Ihre Zugangsdaten ein, werden diese von den Machern der Seite abgegriffen.

Programm

Damit Sie mit Ihrem Rechner überhaupt etwas anfangen können, benötigen Sie Programme. Dabei unterscheidet man zwischen dem → Betriebsprogramm und Anwendungsprogrammen wie etwa dem Internet-Anzeigeprogramm Chrome.

Rechtsklick

Rechtsklick bedeutet ein kurzes Drücken der rechten Maustaste.

Schadprogramme

Schadprogramme, auch Malware genannt, ist ein Oberbegriff für alle Arten schädlicher Programme. Umgangssprachlich wird dafür meist der Ausdruck Virus (Mehrzahl Viren) verwendet. Viren sind aber nur eine Art von Schadprogrammen. Daneben gibt es beispielsweise auch Trojaner, Würmer, Keylogger und viele Schädlingstypen mehr.

Server

Server wird ein Rechner genannt, der innerhalb eines Netzwerks anderen Rechnern Ressourcen zur Verfügung stellt.

Was ist eigentlich ...?

Suchmaschine
Spezielle Internetauftritte, mit deren Hilfe Sie das Internet durchsuchen können, werden als Suchmaschinen bezeichnet. Die bekannteste ist Google.

Taskleiste
Die Leiste ganz am unteren Rand Ihres Bildschirms neben dem Startsymbol bezeichnet man als Taskleiste. Jedes Programm (=Task), das Sie geöffnet haben, ist dort mit einem Eintrag vertreten. Per Mausklick darauf können Sie das jeweilige Programm in den Vordergrund holen.

Tastenkombination
Viele Befehle können Sie nicht nur per Maus, sondern auch durch gleichzeitiges Drücken von zwei und mehr Tasten erteilen. Die Verwendung von Tastenkombinationen hat den Vorteil, dass Sie die Finger auf der Tastatur lassen können und nicht extra zur Maus greifen müssen. Mit etwas Übung können Sie daher viel flotter arbeiten. Auf Seite 134/135 finden Sie eine Übersicht der wichtigsten Tastenkombinationen von Google Chrome.

Update
Moderne Programme werden ständig überarbeitet. Dabei werden Programmfehler sowie erst später erkannte Lücken in der Sicherheit der Programme beseitigt. Solche Programm-

Was ist eigentlich ...?

verbesserungen nennt man Updates. Meist können diese auf den Seiten der Programmhersteller aus dem Internet geladen werden.

URL
URL („**U**niform **R**esource **L**ocator") ist vereinfacht gesagt eine andere Bezeichnung für Internetadresse.

USB-Stift
USB steht für „**U**niverseller **S**erieller **B**us" (= engl. „**U**niversal **S**erial **B**us"). Dabei handelt es sich um einen Industriestandard, mit dem Geräte an den Computer angeschlossen werden können, eben auch kleine Speicherstifte. Da diese USB-Stifte mittlerweile viele Gigabyte an Daten aufnehmen können, eignen sie sich vorzüglich, um Daten separat vom Rechner zu sichern oder auch an einen anderen Rechner zu übertragen.

Webforum
Ein Webforum oder kurz Forum (Mehrzahl Foren) ist ein Bereich auf einer Internetseite, auf dem sich die Teilnehmer mithilfe von Textbeiträgen (dafür wird oft der englische Begriff „Posting" verwendet) über verschiedenste Themen austauschen können. Für das Schreiben von Beiträgen ist normalerweise kein spezielles Programm nötig. Lediglich eine Registrierung wird gewöhnlich verlangt.

Was ist eigentlich ...?

Webmail

Es gibt grundsätzlich zwei verschiedene Möglichkeiten, den E-Mail-Verkehr abzuwickeln: Einmal mithilfe eines E-Mail-Programms. Dann werden die E-Mails auf Ihren Rechner gespeichert und nur über das Internet verschickt und empfangen. Oder Sie wickeln den E-Mail-Verkehr komplett im Internet ab. Ihre E-Mails werden dann online gespeichert. Sie befinden sich also nicht auf Ihrem Rechner, sondern in Ihrem Benutzerkonto. Diese Variante wird als Webmail bezeichnet.

Was ist eigentlich ...?

Wikipedia

Unter der Adresse **http://de.wikipedia.org** erreichen Sie ein gigantisches Online-Lexikon. Das Besondere daran ist, dass die Beiträge in diesem Lexikon von Freiwilligen geschrieben werden.

Windows Vista

Windows Vista heißt das derzeit aktuellste Betriebsprogramm von Microsoft.

Zwischenablage

Bei der Zwischenablage handelt es sich um einen temporären Speicher.

Tastenkombination | Funktion

Kapitel 1	
Alt + F4	Schließen des Programmfensters
Kapitel 2	
Strg + L	Aktuelle Adresse wird markiert und kann überschrieben werden
Strg + Ende	Seitenanzeige springt ans Ende
Strg + Pos1	Seitenanfang wird gezeigt
Strg + R oder F5	Seitenanzeige aktualisieren
Alt + ← oder Alt + →	Zwischen besuchten Seiten blättern
Strg + H	Verlauf anzeigen
Alt + Pos1	Zur Chrome-Homepage wechseln
Strg + N	Neues Programmfenster öffnen
Strg + T	Neues Register öffnen
Strg + W	Aktuelles Register schließen

Tastenkombination	Funktion
Strg + ⇧ + T	Zuletzt geschlossenes Register öffnen
Strg + ⇧ + Klick auf Link	Seite in neuem Register öffnen
Strg + ⇆	Ein Register nach rechts blättern
Strg + ⇧ + ⇆	Ein Register nach links blättern
Strg + eine Zahl von 1–9	Entsprechendes Register direkt ansteuern
Kapitel 3	
Strg + +	Internetseiten vergrößern
Strg + -	Internetseiten verkleinern
Strg + 0	Zur Normaldarstellung zurückkehren
Strg + J	Heruntergeladene Dateien anzeigen
Alt + ↵	Nach Adresseingabe Seite in neuem Register öffnen
Strg + Mausklick auf Link	Seite in neuem Register öffnen
Strg + ⇧ + Mausklick auf Link	Seite in neuem Register öffnen, dieses befindet sich gleich im Vordergrund
⇧ + Mausklick auf Link	Seite in neuem Fenster öffnen
Kapitel 4	
Strg + F	Suchen auf einer Seite starten
Kapitel 5	
Strg + B	Lesezeichenleiste ein- und ausblenden
Strg + D	Angezeigte Seite als Lesezeichen speichern
Strg + ⇧ + B	Lesezeichen-Manager öffnen
Kapitel 6	
⇧ + Esc	Taskmanager aufrufen
Strg + ⇧ + N	Inkognito-Fenster öffnen
Kapitel 8	
Strg + P	Druckdialog öffnen
Strg + S	Internetseite speichern
Strg + O	Aus Chrome heraus auf Dateien zugreifen

Stichwortverzeichnis